인생의 폭풍 속에서 춤을

인생의 폭풍 속에서 춤을

Dancing in the Rain

이정민(데비 리)

흔들리는 삶 속에서 나만의 길을 찾는 인생 수업

나무사이

항해
: 우리는 모두 자신만의 바다를 건너고 있다

한 대학에서 특강을 했을 때의 일이다. 나는 이런 질문을 던지며 강의를 시작했다.

"여러분은 지금 무엇을 찾고 있나요?"

여러가지 답변이 나왔지만, 대다수의 학생들이 찾고 싶은 건 다름 아닌 '삶의 방향성'이었다. 어쩌면 그들은 대학 때는 방향성을 찾아 헤매는 것이 당연하지만 나이가 들면 하나의 방향을 정해 안정되게 나아갈 거라 생각하고, 내가 그들에게 어떤 '답'을 알려줄 거라 기대했을지도 모른다. 그렇지만 나는 솔직하게 말할 수밖에 없었다.

"저도 같아요. 여전히 방향을 찾으며 살고 있죠. 여러분이 어떤 방향으로 가야 할지는 제가 알려드릴 수 없지만, 삶의 방향을 찾는 여정을 어떻게 즐길 수 있는지는 제 이야기를 통해 조금이나마 알게 되시길 바랍니다."

반 세기가 넘는 시간 동안 살아보니, 인생은 목적지에 맞게 잘 그려진 지도를 따라 걷는 것이 아니라, 망망대해에 던져진 채 밑도 끝도 없이 항해를 하는 것이었다. 동서남북도 모르는 상태에서 어딘가에 있는 내 삶의 목적지를 스스로 파악하고, 가는 길도 직접 만들어가야 했다. 드넓은 바다에서 내게 맞는 길을 찾는 일은 평생 끝나지 않고, 게다가 그 과정에서 파도와 폭풍이 끊이지 않는다는 사실을 받아들이기까지 오랜 시간이 걸렸다.

그러나 한 치 앞이 보이지 않고 폭풍이 가득한 항해일지라도, 내가 하기에 따라 의미 있고 즐거울 수 있다는 것 또한 배웠다. 나만의 항해법을 천천히 익히다 보면, 변화무쌍한 바다의 아름다움도 보게 되고, 돛을 간지럽히는 바람을 반가워하게 되기도 한다. 나만의 목적지를 찾아 나만의 길로 가는 항해는, 두렵지만 설레고, 어렵지만 가치 있는 일이다.

인생이 무거운 숙제인 것만 같았지만, 알고 보니 공짜로 온 선물이었다는 걸 깨닫게 되기를 바란다. 미래가 두려울 때 'Uncertainty is fun! 불확실한 건 재밌잖아!'라고 생각하게 되기를, 끝내 감사와 기쁨을 놓지 않고 살아서 매 순간 기적을 만들어내기를 바란다. 우리의 삶은 반드시, 기어코 해피엔딩이다.

차례

~~~~~~~~ 1장 ~~~~~~~~

배 : 모든 인생은 '나'라는 배에서 출발한다

~~~~~~~~

4장

선원: 멀리 가려면 함께 가야 한다

5장

항구: 새로운 항해를 위한 회복의 시간

배

모든 인생은 '나'라는 배에서 출발한다

인생이라는 항해길에서 가장 중요한 것은 '나'라는 배를 이해하는 것이다.
나는 어떤 배로 태어났을까. 바람과 파도를 천천히 가르며 수많은 사람을 태우는 여객선일까, 두 사람이 마주 앉아 조용히 리듬을 맞춰 노를 저어가는 작은 나룻배일까. 혹은 바다의 숨결을 읽어 고기를 찾아가는 어선일 수 있고, 결정적 순간 순식간에 물살을 가르는 스피드보트일 수도 있다.

어떤 배가 더 귀하고 더 훌륭한지에 대한 정답은 없다. **중요한 것은 내게 주어진 배가 무엇인지, 그 배가 어떤 방식으로 세상을 건너고자 하는지를 알아차리는 일이다.**

우리는 종종 다른 배를 부러워하며 마음이 흔들릴 때가 있다. 하지만 내 배에는 오직 내 배에게만 허락된 기능과, 속도, 그리고 목적이 있다.
그 사실을 받아들이는 순간, 삶은 비로소 나의 속도로 흘러가기 시작한다.

"너 자신이 되어라. 다른 사람 자리는 이미 다 찼다."

Be yourself; everyone else is already taken.

─ 오스카 와일드

내가 나에게 붙여준
새로운 이름

자신을 낳아달라고 요청해서 세상에 온 사람은 아무도 없다. 그저 어느 날 의식이 들고 보니 나라는 사람으로 이 세상을 살고 있었을 뿐이다. 어느 누구도 이 특별한 1인칭의 경험에서 벗어날 수가 없다.

내가 아닌 다른 사람으로 바뀌는 일은 판타지 소설이나 드라마의 단골 소재이니 우리 안에는 그런 열망이 있는 모양이다. 그렇지만 현실에서는 불가능한 일이다. 우리가 처한 환경은 제각각 다르고, 그 환경을 내 힘으로 바꾸기는 몹시 어렵다. 특히 자기주도적으로 살아갈 능력이 없는 어린 시절이나 젊은 날에는 더욱 그렇다. 부모와 형제도 내가 선택할 수 없고, 직장도 선택을 받아야 겨우 일할 수 있다. 주어진 삶이 모든 면에서 '금수

모든 인생은 '나'라는 배에서 출발한다

저'라면 얼마나 좋을까. 하지만 그건 내 힘으로 결정할 수 없는 문제라는 것이 우리 인생의 비극이다.

그렇지만 나는 인생의 어느 순간부터는 스스로 키를 잡아야 한다고 생각했다. 아무에게도 말한 적은 없지만 어렸을 적부터 내 안에는 무작정 '할 수 있다'라는 생각이 있었다. 내가 만드는 일터, 내가 만드는 가족, 내가 만드는 커뮤니티에서 내가 선장이 될 수만 있다면, 그날에는 내가 꿈꾸는 것들을 반드시 이룰 수 있다고 말이다.

내가 만들고 싶은 환경과 삶을 이야기하면 나에게 이상주의자라며 핀잔을 주는 사람들도 종종 있었다. 물론 온 세상을 내가 바라는 모습으로 변화시킬 힘은 내게 없다는 것을 나도 안다. 세계 곳곳의 분쟁과 전쟁, 반목에 대해서 논평은 할 수 있지만, 그걸 내가 해결할 수는 없다. 하지만 내 주변의 작고 작은 세상만큼은 내가 꿈꾸던 평화로운 곳으로 만들 수 있다고 믿었다. 그리고 그것을 실현하기 위해 나만의 배를 만들고, 항로를 짜고, 나의 배에 함께하는 사람들에게 최선을 다했다.

그렇게 구축한 나의 세상에서도 가끔 테러는 일어나지만, 최소한 지금의 나는 배의 방향키를 잡고 있고, 테러리스트는 배에서 내리게 할 권한을 가지게 되었다. 이렇게 되기까지 많은 세월이 흘렀고, 어려움은 있었지만, 결국 해냈다. 그래서 단언할 수 있다. 누구든 자기가 꿈꾸는 세상을 만들 수 있다. 그럴 가치가 있는 일이다.

나는 스무 살 이전까지는 이정민이라는 이름으로 살았고, 그 이후 봉사나 교환학생, 출장 등으로 해외에 나갈 일이 잦아지면서부터는 계속 데비 리Debbie Lee로 살아왔다. 외국 친구들이 한국어 이름을 발음하거나 기억하기 어려워했고, 특히 내가 오랫동안 같이 일했던 유럽인들이 정민Jungmin을 언제나 융민으로 발음했기에 지은 이름인데, 이 이름은 내가 선택하고 개척해가는 새로운 자아가 되었다.

데비 리라는 이름으로 나는 전 세계를 누비며 다양한 사람들과 소통하며 일했고, 작가가 되어 진솔한 이야기들을 글로 풀어내기도 했다. 데비는 외국에서 편리한 이름이 되어줬을 뿐 아니라, 한국 동료들도 "데비마마~"라고 나를 놀리거나 "데비는 미래 대비를 참 잘해" 같은 말을 하며 함께 웃을 수 있었으니 즐거운 추억을 선물해준 이름이다. 왜 그런지는 알 수 없지만 내게 주어진 이름인 '이정민'으로 산 삶은 불행한 일들이 많았고, 내가 선택한 이름인 '데비'로 산 삶은 행복하고 기쁜 일들이 많았다. 내게 새로운 이름을 지어주며 난 스스로 힘차고 자유롭고 따뜻한 삶을 만들어냈다.

자신이 태어난 나라를 찾아 한국에 온 덴마크 국적의 입양인 친구를 한동안 돌봤던 적이 있다. 겉모습은 한국인이지만 속은 전혀 한국적이지 않은 그녀는 한국에 아는 사람이 한 명도 없었고, 이곳에선 먹고살 길도 불투명했지만, 오로지 출생국이라는 이유 하나로 한국행을 결정했다. 그러고는 도와줄 사람을 찾아 알음알음 온라인을 타고 내게 연락을 해온 것이었다. 인천공항에 그녀를 픽업하러 가서 처음 만난 날, 그녀는 커다란 가방을 가지고 두려움과 어색함을 머금은 복잡한 눈빛으로 나를 기다리고 있었다.

무엇이 그녀를 여기까지 오게 했을까. 그녀는 자신이 태어난 지 3개월 만에 입양되었다는 기록만 알고 있다고 했다. 어리둥절했을 아가가 둥둥 흘러간 덴마크에서 다행히 사랑이 많은 부모가 그녀를 건져주었고, 그녀는 우수한 인재로 자랐다. 그런데 대학을 졸업한 후에 안정적인 덴마크의 직장마저 뒤로 한 채 자기 의지로 고국에 돌아온 것이었다. 입양되지 않았다면 자신이 살았을 나라를 처음으로 체험하기 위해서였다.

자신의 의사와는 무관하게 던져진 삶에서 자신을 찾기 위해 큰 용기를 내었을 그녀가 안쓰럽기도 하고 대견하기도 했다. 그래서 나는 기꺼이 그녀의 첫 한국 언니가 되었다. 그녀는 최고의 인재들이 모이는 글로벌 컨설팅 회사에 직장을 구했고, 그녀를 도와주는 사람들도 더 나타났으며, 새로운 친구들도 생겼다. 한 사람이 자신을 찾아가는 미지의 여정에 발을 내딛었을 때, 얼마나 기적 같은 일들이 일어나는지 나는 옆에서 목도할 수 있었다.

덴마크에 계신 부모님을 항상 걱정하는 것 외엔 그녀는 한국 생활에 잘 적응하는 것 같았다. 한국어를 하지 못하니 일상 생활에도 도움이 필요하긴 했지만, 그녀는 어디에서나 당당하게 자신을 소개했다.

"저는 덴마크에서 왔고, 한국인 입양인입니다. 이름은 리네고, 한국 이름은 전수진입니다."

그러던 어느 날 덴마크에서 연락이 왔다. 엄마가 치매 판정을 받으셨다는 거다. 고민에 고민을 거듭하던 그녀는 나에게 메시지를 보내왔다.

"데비, 나는 다시 덴마크로 돌아가야겠어. 엄마가 곧 나를 기억하지 못하실 수도 있을 거 같아. 시간이 얼마 남지 않았어!"

한국에 온 지 채 1년도 되지 않아 그녀는 덴마크로 돌아가는 또 한 번의 큰 결정을 했지만, 한국에 올 때와는 다른 모습이었다. 이제 그녀는 한국인으로서의 자신도, 그리고 덴마크인으로서의 자신도 모두 찾았다.

모든 인생은 '나'라는 배에서 출발한다

리네는 자신이 몰랐던 전수진으로서의 삶에 대해 모든 아쉬움을 풀었다. 그러니 이제 리네로 살든 전수진으로 살든 자신이 선택한 삶에서 굳건하게 나아갈 수 있을 것이다. 나는 내가 선택한 데비가 되어서 행복했고, 지금은 데비로 살든 이정민으로 살든 내가 꿈꾸던 후이늠Houyhnhnm*을 이루어가는 사람이 되었다.

주어진 삶이 슬펐든지, 아쉬웠든지, 괴로웠든지…. 내가 새롭게 만들어가지 않으면 또 다시 다른 사람의 손에 나의 운명을 맡겨야 한다. 이 글을 쓰며 다시 정신이 번쩍 든다. 나의 힘으로 선택하고 만들어갈 인생이 아직 남아 있다.

 배에는 소중한 가치나 염원을 담아서 이름을 붙이고는 한다. 내게 주어진 삶이 아니라 내가 선택한 삶을 살기 시작할 때, 비로소 내 배에는 진짜 이름이 붙는다.

---

* **후이늠** : 영국계 아일랜드 작가 조나단 스위프트(Jonathan Swift)의 소설 《걸리버 여행기》에서 주인공 걸리버가 네 번째로 도착한 여행지. 이상적인 유토피아를 뜻함.

세상에서 가장 아껴야 할
사람은 나 자신이다

살아오면서 가장 후회하는 것 중에 하나는 내가 나를 제대로 사랑해주지 못했던 것이다.

사실 내가 나를 사랑해야 한다는 개념 자체를 인식한 지 그리 오래되지 않았다. 직장에서 일할 때 나는 상사의 지시나 고객의 요구를 너무 앞세운 나머지 나의 시간과 에너지를 그들을 만족시키는 데 과하게 희생시키곤 했다. 나는 그들을 배려하며 제대로 일하고 있다고 믿었지만, 그것이 나를 갉아먹는 줄은 몰랐던 것이다. 아직 단단하지 못한 시절이었다.

그런데 어느 날 한 동료가, 상사의 명령과 고객의 필요 사이에서 고뇌하며 힘들어하는 나에게 말했다.

"그건 데비 네가 너 자신을 사랑하지 않아서 그래. 너의 커리어와 앞날만 생각해. 다른 사람들을 지나치게 생각하지 말고.
너의 소신대로 해!”

쿵 얻어맞은 듯했다. 언제부터 나는 나 자신을 맨 뒤로 보내
며 살았을까. 직장에서는 동료와 고객을 먼저 생각하고, 집에서
는 아이들과 남편을 먼저 챙기는 삶을 살고 있었다.

나는 성향상 어려움을 당한 사람을 보면 그냥 지나치기가 쉽
지 않다. 미국의 사회학자 찰스 쿨리Charles Horton Cooley가 말한 거
울효과mirror effect, 즉 타인의 감정을 그대로 느끼고 따라하는 현
상이 나에겐 유독 강하게 발현되는 건지, 다른 사람들의 슬프고
상처받은 이야기를 들으면 마치 내가 그 일을 당하는 것처럼 아
프다. 종종 그것이 너무나 강렬해 누군가를 도우려다 나 자신의
필요를 간과하는 일이 있어서, 이제는 나를 지키기 위한 경계선
을 두어야 한다고 스스로에게 상기시킨다. 심지어 나의 아이들
도 나에게 공감하되 과공감은 하지 말라고 주의를 주기도 하니,
안팎으로 브레이크가 있는 셈이다. 우리는 선한 마음으로 살아
가되 단호함도 함께 갖추어야 하는데, 일이나 계약 관계 등에서
는 특별히 더 그래야 한다. 자신을 보호하는 결연함이 없을 때
는 상대방이 갑이든 을이든 우리를 이용하곤 한다.

나를 사랑하는 것은 이기적인 것과는 다르다. 비행기가 이륙

하기 전에 늘 하는 안전 교육에서도 긴급 상황에서 산소마스크는 자신 것을 먼저 쓰라고 교육한다. 그다음에 아이에게 씌워주라고 강조하는데, 이는 부모가 자신의 목숨보다 아이를 먼저 생각하는 뭉클한 본능을 떠올리게도 하지만, 자기가 숨을 쉴 수 있어야 옆 사람도 도울 수 있다는 가장 근본적인 진리를 알려주기도 한다. 그러니까 이기적인 마음으로 모든 것을 독차지하기 위해서 자기애를 강화하라는 것이 아니라, 다른 사람들을 도울 수 있는 사람이 되기 위해 나를 사랑할 줄 알아야 한다는 것이다.

연예인들은 즐거움, 의사는 건강, 청소부는 쾌적함, 기술자는 편리함, 작가는 통찰과 감동 등 우리는 세상이 필요로 하는 다양한 유무형의 가치를 만들고 타인에게 전하며 경제적인 보상을 받는다. 그런데 내가 즐겁지 않고, 건강하지 않고, 깨끗하지 않고, 감동이 없는데 다른 사람들을 그렇게 만들어주려고 할 때가 있다. 잠깐은 그 상태를 유지할 수 있을지 몰라도 결국은 주는 사람도 받는 사람도 탈이 나고 말 것이다. 배우지 않으면서 다른 사람들을 가르칠 수 없고, 가진 것이 없는데 다른 사람들에게 베풀기 어렵다.

초지에 방목한 소의 우유로 만든 버터의 품질이 더 우수하고, 닭장 밖에서 자유롭게 풀어 키운 닭의 달걀이 더 등급이 높다는 것은 신비로운 자연의 이치다. 더 행복한 동물이 더 우수한 것을 생산한다. 사람도 더 행복할 때 더 우수한 것을 만들어내지 않을까.

작가들의 컨퍼런스에서 만난 제니퍼는 '어려움을 이겨내고 회복한 순간'을 나누는 워크샵에서 이런 이야기를 들려주었다.

"나는 결혼해서 아들을 하나 낳았어. 그런데 출산 후에 내가 뚱뚱해졌다는 이유로 남편이 떠나고 말았지. 어이없는 이유로 싱글맘이 되었는데, 뚱뚱해진 내가 못 견디게 싫은 거야. 남편을 미워하고, 나를 미워하며 살아가니 나는 점점 무너졌어. 그러다 어느 날 정신을 차리고 나의 이야기로 동화를 쓰기 시작했어. 그렇게 나 자신과 화해를 하고 나니 비로소 다시 제대로 살 수 있게 되었지."

그러면서 자신의 동화책이 전시된 곳을 가리켜 보여주었다. 내가 보기에 그녀는 전혀 뚱뚱하지도 밉지도 않았다. 오히려 그녀의 멋진 동화만큼 아름답게 빛나고 있었다.

자기 존중이야말로 진정한 삶의 첫 단추다. 나를 사랑하는 것은, 완전하진 않지만 잘 살아가기 위해 매일 용기를 내는 나를 용서하는 일이다. 나를 미워하지 않고, 나와 싸우지 않으며 잘 지내는 것은 생각보다 쉽지 않다. 어리석은 일을 해놓고 불과 몇 분 후에 머리를 때리며 후회하는 일도 얼마나 많은지.

하지만 나의 비전을 온전히 이해하는 사람도, 나의 고통을 속속들이 아는 사람도 이 세상에 오로지 나뿐이다. 나를 삶의 변두리에 방치하지 말고, 중심으로 데려와 아껴주고 쓰다듬어줘야 건강한 자존감이 빚어진다. 자신을 존중할수록 비교하는 마음이 줄어든다. 나를 사랑하면, 나를 증명하려고 지나치게 애쓰지 않게 된다. 지금의 나로 충분하다고 느낄 때, 온전한 나로서의 삶이 시작된다.

그래도 내 자신을 있는 그대로 사랑하기가 어려울 때 내가 되새기는 구절을 공유한다. 《너는 특별하단다》라는 명작을 쓴 미국의 작가 맥스 루케이도 Max Lucado 의 말이다.

"당신은 우연이 아닙니다. 대량 생산되지도 않았고, 조립 라인에서 나온 제품도 아닙니다. 당신은 최고의 장인에 의해 의도적으로 계획되었고, 특별하게 재능을 부여받았으며, 사랑스럽게 지구에 안착했습니다."

 나를 사랑하는 사람만이 타인도 건강하게 도울 수 있다. 자신을 존중할 때, 우리는 비로소 삶의 중심으로 돌아온다.

여전히 '나'라는 존재가
되어가는 중이다

"저는 지금까지 한 번도 저로 살아본 적이 없어요. 어려운 가정 형편에서 자라서 선택의 여지도 없이 빠르게 취업해서 열심히 살았거든요. 지금은 또 어떤가요. 노부모님도 부양해야 하고, 아이들도 지원해야 해요. 인생이 아래위로 너무 무겁죠."

한 고객사 대표님과 식사를 하는 자리였다. 들으면 다 알 만한 유럽계 기업에서 상당한 직급까지 올라간 그는 겉으로는 안정되어 보였지만, 내면에서는 자신을 잃어버린 채로 살았던 것이다.

"그런데 얼마 전에 용기를 냈어요. 그래, 더 늦기 전에 내가 좋아하는 것을 하면서 살아보자! 하면서 사표를 냈거든요. 아내가 생각지 않게 응원을 해주더라고요. 그래서 제 사업자를 내고, 하고 싶었던 공부를 하려고 대학원에도 등록했어요.”

여태 해오던 일로 소득을 일으키면서도 동시에 자신을 찾아가고 있는 그의 눈동자에는 희망이 서려 있었다. 설렘이 가득한 그의 얼굴을 보며 나까지 미소가 번졌다.

그의 이야기는 내 이야기 같기도 하고, 또 다른 많은 사람의 이야기 같기도 하다. 우리는 내가 누구인지를 파악하기도 전에 세상의 기준을 먼저 듣는다. 내가 어떤 재능을 가지고 있는지, 어떤 일을 할 때 행복감을 느끼는지, 어떤 사람들과 잘 어울리는지…. 학창시절에 이런 것들을 파악하는 활동을 해본 기억은 거의 없다. 반면 어떻게 하면 사회적으로 괜찮아 보이면서 안정적인 보수를 받는 직업을 얻을 것인지에 대해서는 훨씬 먼저, 훨씬 더 많이 들었다.

요즘은 전형적으로 인정받는 인생길이 아니더라도 새로운 돌파구가 많이 생겨났다고 하지만, 지금도 안정적이고 부요한 세계를 갈망하는 사회의 구조는 크게 바뀌지 않았으니, 아마 인간 사회에 단단히 내제된 믿음인 모양이다. 어른이 되면 그런 기준이 왜 중요한지 몸소 체험하게 되고, 그래서 다시 아이들을 똑같이 가르치게 된다. 자기다운 일보다는 사회적으로 인정받는 일을 하도록 은근히 강요하거나 때로는 다그치기도 한다.

모든 인생은 ‘나’라는 배에서 출발한다

그런데 어른이 되어 체감하게 되는 또 다른 사실은, 그렇게 사회적 기준에 맞춰 잘 살더라도 언젠가는 본연의 자신으로 돌아오게 되는 날이 있다는 것이다. 평생 CEO로 살았던 분이 사진가가 되어 나타나기도 하고, IT 산업에서 커리어를 쌓던 분이 난데없이 소설 부문 문예상을 탔다는 소식을 전하기도 하며, 아이들을 가르치던 선생님이 자신이 그린 작품으로 개인전을 한다고 연락이 오기도 한다.

정체성이 일관되게 명확해 보이는 사람들도 깊이 들어가면 다시 미세한 자신을 찾기 위해 헤매고 있다. 이를 테면 디자인 회사의 대표님은 '디자인'이라는 키워드가 분명한데도 그 안에서 무수한 디자인의 길을 놓고 나다움을 고민하며, 누가 봐도 금융인의 색채가 확고한 사람도 그 분야에서 자신과 맞는 세부적인 길을 찾아 헤맨다.

밖에서 볼 때는 아무도 모르지만, 길을 잃고 헤매고 있는 듯한 기분을 누구나 느낀다는 사실을, 많은 사람을 만나며 알게 되었다. 그런데 그것은 이미 제대로 된 항해를 하고 있다는 뜻이기도 하다. 바쁜 삶 속에서도 발버둥치며 자신을 찾고자 노력하고 있기 때문이다.

나 자신을 잘 이해한 상태로 공부를 마치고 일을 시작할 수 있다면 좋겠지만, 그런 경우는 흔치 않다. 공부를 하다가 막연한 흥미 정도만 깨우쳤다고 해도 다행이다. 그러나 희망적인 사실은, 실제 현장의 경험을 통해서 나를 알아가는 시간이 기다리고 있다는 것이다. 일을 하면서 본격적으로 삶과 부딪치며 미세 현미경을 통해 나를 찾아갈 수 있다.

나는 국제금융, 외교통상, 다국적기업 등의 커리어를 거쳐왔다. 내가 해야 하는 일도 달랐고, 산업마다 원하는 인재상도 달랐지만 나는 어디에서든지 나다운 모습으로 일하고자 애썼다. 주어진 일에 내 최선을 쏟아붓는 것, 만나는 모든 고객사와 동료를 진심으로 대하는 것. 내가 직장에서 단순히 '근로자'로 존재하는 것이 아니라 '데비 리'로 일하는 방법이었다.

그러나 아이들을 키우면서 정신없이 일하던 30대에는 '나'라는 존재를 까맣게 잊었다. 30대 후반이 되면서 어딘가 공허한 나의 내면을 채우기 위해 조금 더 근원적인 나를 찾아 나섰다. 글을 쓰고, 노래를 하고, 무대에서 스토리텔링하는 일 등을 시작했는데, 돈을 벌어다주는 일은 아니었지만 본연의 내가 되는 활동들이었다. 그리고 앞으로 나는 어떤 일을 하며 어떤 모습으로 살아갈지에 대해 표본들을 하나둘 수집하는 시간이기도 했다.

돌아보면 나를 찾는 오랜 대장정은 그 과정 자체가 소중했고, 많은 기쁨과 추억을 가져다주었다. 그 여행은 여전히 진행 중이라서 또 어떤 새로운 내가 튀어나올지, 어떤 새로운 꿈을 발견하게 될지 기대가 된다.

어떤 방식으로든 나를 찾고자 노력할 때, 삶의 다음 단계로 나아가기가 훨씬 수월해진다. 내가 누구인지를 섬세하게 돌아보는 것은 내 길의 이음새를 매끄럽게 만들어주고 환경이 바뀔 때 충격을 완화시켜주는 쿠션 역할을 해주기 때문이다.

세계를 둘러보면 근원적인 자아를 찾기 위해 모든 것을 뒤로하고 절박한 용기를 내는 사람들도 많다. 아무도 알아주지 않고 보상도 없는 혼자만의 일이지만, 우리는 내가 누구인지를 찾는 과정을 거쳐 '나'를 발견할 때 비로소 앞으로 나아갈 수 있는 존재인지도 모른다.

나를 찾아가는 과정은 느리고, 때로는 큰 용기를 필요로 한다. 하지만 그 길 위에서 발견하는 작은 깨달음 하나하나가 삶을 온전하게 만드는 힘이 된다.

미운 오리는 아직
백조 무리를 만나지 못했을 뿐이다

　우리가 어렸을 때부터 익히 들어온 안데르센의 《미운 아기 오리》에는 자기와 다른 사람들을 배척하는 인간의 본성에 대한 깊은 통찰이 담겨 있다. 딸아이가 학교를 다닐 때, 친구들과 조금 다른 모양의 실내화를 사주었더니 다른 아이들이 신는 것과 똑같은 모양으로 다시 사달라고 했던 적이 있다. 실내화 하나라도 다르면 혹시 무리에서 이방인 취급을 받을까 봐 두려워하는 것이다. 안데르센이 살던 시대부터 지금까지 그런 인간의 본성과 사회적 특성은 달라진 것이 없어 보인다. 《미운 아기 오리》는 안데르센 자신을 투영해서 쓴 동화라고 하니, 위대한 작가로 기억되는 그도 무리에서 사랑받고자 애썼지만 받아들여지지 못했을 때가 있었던 모양이다. 무리에 동화되기 위해서 나만의 개성을 꽁꽁 숨겨야 했던 경우도 많았을 테고 말이다.

안데르센의 이야기에 영감을 받아 미국의 자기계발 컨설턴트 메트 노가드Mette Norgaard가 쓴 《미운오리새끼의 출근》을 읽으면서 얼마나 크게 공감했는지 모른다. 이 세상에 얼마나 많은 미운 오리들이 자기 자신의 개성을 죽이며 출근을 하고 있는가. 회사에서는 일을 잘해야 하지만, 너무 잘하면 시기를 받거나 업무를 과중하게 떠안게 되고, 너무 못하면 자격이 박탈된다. 그러니까 그 중간 어딘가 아슬아슬한 균형점에 나를 끼워넣어야 한다. 회사에 따라서는 사내 정치를 해야 하는 곳도 있고, 너무 튀어서 미움받지 않기 위해서 자꾸만 다른 사람들의 눈치를 본다. 게다가 자기 적성에 맞지 않는 산업에 있을 때는 더욱 남의 옷을 빌려 입은 듯 불편한 상태에서 내적 방황이 계속된다.

나는 오랜 시간 출근하는 미운 오리로 살면서도 내가 나로서 할 수 있는 일과 나를 있는 그대로 봐주는 백조들을 찾기 위해 이곳저곳을 탐험했다. 그렇게 찾아낸 또 하나의 나는 언어의 아름다움을 추구하고, 글과 음악으로 삶을 아름답게 만들고자 하는 의지를 가진 예술가였다. 그 자아를 찾은 후 운이 좋게도 해외 작가들과 공저로 책을 내는 기회도 몇 번 있었고, 무대 위에서 문학 작품을 공연하는 스토리텔링의 세계도 알게 되었다. 그런 작가 커뮤니티에서 나는 비로소 나와 같은 것을 추구하는 사람들을 만날 수 있었다. 내 백조 무리를 만난 것이다.

나는 정기적으로 바다를 건너서, 혹은 화상 전화를 통해 전 세계의 작가들, 스토리텔러들과 만나 평화와 친절함, 용서와 치유에 대해 이야기하고 글과 시, 스토리와 노래를 나눈다. 우리는 세상을 아름답게 변화시키고 다양한 사람들 그리고 자연과 조화롭게 살아갈 수 있는 방법에 대해 끊임없이 논의하고 배운다. 그 누구도 권력을 추구하지 않으며, 돈을 더 많이 얻기 위해 사람을 해하지 않고, 남들과 다르다는 이유로 배척하지 않는다. 저마다 다른 세계와 문화의 스토리를 말하고 쓰지만, 목적은 같다.

맙소사, 내가 찾던 나의 부족이 여기에 있었다. 여기저기에서 미운 오리 같았던 내가 이 무리에서는 온전히 환영받고 사랑받았다. 오리와 백조는 어느 쪽이 더 우위에 있는 것이 아니라 다른 종류의 부족이다. 그들이 무언가 더 뛰어난 사람들이기 때문이 아니라, 스토리텔링이 부와 명성을 가져다줘서가 아니라, 비로소 내가 나로 존재해도 괜찮았기에 나는 그들 사이에서 진정한 행복과 안식을 얻었다.

리더십 워크샵에서 만난 캐서린은 IT 분야에서 오랫동안 일한 경력이 있었다. 워낙 전망이 좋은 직군이고, 부모님이 원했던

모든 인생은 '나'라는 배에서 출발한다

직업이기에 떠나지 못하고 한참을 머물렀지만, 일과 사람들이 자신과 너무나 맞지 않아 그 스트레스로 오래 아팠다고 했다.

"그런데 그곳을 떠나 내가 정말 하고 싶은 일을 찾으니 언제 아팠냐는 듯, 지금은 일할 때 에너지가 솟아!"

열정이 가득해서 도저히 그 에너지를 따라가지 못할 정도로 보이는 그녀가 무기력함에 잠겨 있던 시기가 있었다니 믿어지지가 않았다. 지금 그녀는 요리사로 일하고 있다. 하루 종일 서서 요리를 하는데도 오히려 에너지가 솟는다니. 역시 자신이 하고 싶은 일을 찾으면 없던 힘이 생긴다.

커리어의 스위트 스팟sweet spot*을 찾는 열쇠는 '기쁨'이다. 지금 내가 하고 있는 일이 즐겁고, 만나고 있는 사람들과 함께 웃을 수 있다면 나는 제대로 된 현장에 있는 것이다. 웃음을 잃어본 경험이 있다면 이 말에 더 잘 공감할 수 있을 것이다. 나는 여전히 비즈니스 세계에 있지만, 비즈니스를 마치 문학을 하는 것처럼, 글을 쓰는 것처럼 한다. 내 책 속에 쓴 가치를 현실에서 구현하고, 많은 나라를 다니며 받았던 동료들과 친구들의 따뜻한 환대를 재현하려고 노력한다. 그것이 나다운 일이고, 나를 알아

---

* 스위트 스팟: 원래 스포츠에서 공이 가장 잘 맞아서 멀리 날아가는 클럽 헤드상의 특정 지점을 의미하며, 넓게는 가장 이상적인 시기, 위치, 상태 등 최적의 지점을 뜻함.

봐주는 백조 무리를 나에게로 끌어모아주는 일이기 때문이다.

자신이 있어야 할 바로 그 산업, 그 일터, 그 가족, 그 친구들을 찾는다면 자신이 원래 눈부신 백조였다는 사실을 깨닫게 될 것이다. 어떤 집단이든 포럼이나 컨퍼런스, 협회나 커뮤니티가 있다. 자신이 살고 있는 지역에도 있을 것이고, 국제적 차원에서도 분명히 있다. 나에게 맞는 백조 무리를 찾기 위해 그런 단체들에 참석해보는 것도 좋은 방법이고, 자신이 직접 만들어도 된다. 세상은 넓고, 사람들은 다양하며, 당신에게 풍요로운 배움과 관계를 제공해줄 당신만의 부족이 어딘가에 반드시 있다.

가끔 내가 왜 이곳에 있는지 도저히 이해가 안 되는 때가 있다. 그조차도 백조 무리를 만났을 때 서로를 알아보기 위해 나를 만들어가고, 찾아가는 과정이라 믿는다. 다만 "둥둥 떠 있는 것 같아도 비상하고 있다네"라는 니체의 시처럼 아무 생각 없이 부유하는 것이 아니라 능동적으로 선택하며 비상하는 방향으로 나아가려고 해본다. 그것이 살아 있는 날의 특권일 것이다.

 내가 나일 수 있는 세계를 만나는 순간, 삶은 더 이상 버티는 일이 아니라 생생한 기쁨이 된다.

제품이 아닌
명품이 되는 삶에 대하여

우리 집에는 나와 나이가 같은 피아노 한 대가 있다. 연식이
오래 되었다 보니 성한 곳이 별로 없다. 이사를 여러 번 거치는
동안 긁히고 깨진 곳도 많아졌고, 조율을 하려고 안을 들여다보
면 아슬아슬하게 고무줄로 이어 놓은 건반부터 시작해서 세월
에 닳은 흔적이 무수히 보인다. 그런데도 그 소리의 깊이는 최
신식 피아노에서는 찾아보기가 힘들어, 여전히 나와 함께하고
있다. 기쁠 때는 물론이고, 힘들 때나 외로울 때, 나 혼자 이겨내
기 어려운 순간마다 피아노를 치고 노래를 부르며 오랜 세월 친
구처럼 보냈다. 소리의 품질에 함께한 이야기가 더해져, 내게는
대체 불가한 귀중품이 된 셈이다.

또한, 우리 가족은 가구 디자인의 부흥기였다는 1950년대에

만들어진 덴마크 의자에 앉아 매일 식사를 하고 있다. 70년도 넘은 이 의자는 시간의 흔적으로 본래의 빛은 바랬지만, 의연하고 고급스럽게 자리를 차지하고서는 아직도 끄떡없이 사람들을 편안하게 받치는 본연의 임무를 다하고 있다. 한 사람의 생애가 흘러갈 만한 그 오랜 시간 동안 얼마나 많은 사람이 이 의자에 앉아서 가족들, 친구들과 이야기를 나누었을까, 그들의 이야기는 어떤 것이었을까…. 그런 생각을 하다 보면 이 의자가 비밀에 싸인 고서처럼 특별하고 신비롭게 느껴진다.

덴마크 기업들의 수출을 컨설팅하던 시절, 흔히 명품이라고 말하는 고가의 가구, 은세공 제품, 도자기, 전자제품 등의 라이프스타일 소비재 산업도 담당했었다. 그래서 그런 명품 소비재를 만드는 장인들의 공장에 방문할 기회가 종종 있었다. 나를 안내해주는 회사의 대표나 임원진들은 심혈을 기울여서 제작 공정에 대해 설명해주었고, 그 섬세하고 복잡한 생산의 근간에는 언제나 작가의 이름이 있었다. 제품에 작가의 인생 스토리가 입혀지고 작가의 의도를 제대로 구현하려는 장인들의 혼이 담기면, 시중의 다른 흔한 제품과는 비교할 수 없는, 엄청나게 비싼 값도 아깝지 않은 명품이 탄생했다.

이런 제품들은 세월이 흘러도 가격이 떨어지지 않고, 오히려 경매에서 기존 값보다 더 비싸게 팔리기도 한다. 세상이 천지개

벽할 만큼 변했고, 새로운 기술과 제품이 쏟아졌어도, 작가의 독창성과 장인의 꼼꼼한 손길이라는 대체할 수 없는 가치를 품은 채 여전히 견고하게 제 기능을 다하고 있기 때문이다. 인공지능, 로봇, 그보다 더한 기술이 앞으로도 계속 쏟아지겠지만 변하지 않는 본질을 찾아서 지켜야겠다는 생각이 드는 대목이다.

그래서 내게 명품이란, 사회적, 경제적 위치를 드러내는 위치재가 아니라, 아주 오랫동안 사용할 수 있으며 고유한 스토리와 가치를 품은 제품이다. 명품 브랜드 옷을 입는다고 사람이 명품이 되지 않는다는 사실은 이미 아주 오래 전에 깨달았다. 시간이 지나도 가치가 떨어지지 않고 오히려 올라가는 사람, 마지막까지도 가치를 창출해서 주변을 이롭게 하는 사람이 진정한 '명품 인간'이라는 걸 알았고, 그런 사람이 되고 싶었다.

그렇지만 그런 명품 인간이 되는 길은 묘연했다. 젊은 시절에 직장 생활을 하면서 만난 선배들은 불안해 보였다. 나이가 들고 직급이 올라가도 삶이 별로 달라질 것 같지 않은 불안함, 롤모델이 없어 방황하는 마음, 그렇게 세월을 보내다 은퇴하면 중고 제품처럼 쓸쓸히 버려질 것만 같은 두려움…. 그런 이야기들이 점심 시간에 가끔 흘러나오곤 했다. 자신의 회사를 일구어가는 기업가들이 부럽고, 자신의 이름으로 당차게 살아가는 예술가나

학자들이 부럽고, 이익을 많이 내 자유를 얻었다는 투자가들이 부럽고…. 그 시절의 나는 부러운 대상은 많았지만, 그렇게 될 용기는 없었다.

그러나 간혹 마주치는 명품 같은 사람들에게서 인생 이야기를 듣고, 오래 가는 명품이 되는 법을 스스로에게 끝없이 질문한 결과, 지금은 나만의 원칙이 몇 가지 생겼다. 첫째는 적절한 관리다. 50년이 된 피아노, 70년이 넘은 의자는 계속 관리를 해주어야 그 기능과 형태를 유지할 수 있다. 깨진 곳에 산뜻한 색의 커버를 씌워주기도 하고, 나무에 좋다는 오렌지 오일을 발라주기도 한다. 부지런히 잘 돌보지 않으면 피아노는 음이 맞지 않아 기괴한 소리를 낼 테고, 의자는 벌써 부서져 없어졌을 것이다.

그다음은, 계속 가치를 창출하도록 사용하는 것이다. 내 피아노가 낡아간다고 해서 아까워하며 고이 모셔두기만 했다면, 겉으로 보기엔 멀쩡해 보였을지언정, 내게 길들여진 깊이 있는 소리와 그 무엇과도 바꿀 수 없는 이야기는 만들어지지 못하고 먼지만 쌓였을 것이다. 의자 역시 골동품 수집가의 컬렉션에 전시되어 있는 대신 매일 우리 가족의 식사 자리에서 사용되며 세월이 지나도 견고한 만듦새를 매번 여실히 증명하고 있다.

마지막으로 가장 중요한 것은, '작가'처럼 내 삶을 기획해서

모든 인생은 '나'라는 배에서 출발한다

스토리를 만들어가고, '장인'처럼 수고스럽더라도 혼을 담아 한 땀 한 땀 내 인생을 제작해가야 한다는 것이다. 내가 하고 싶은 일과 내 이름을 건 활동은 물론이고, 직장인으로서 남의 회사를 위해 일하는 시간도, 대체 이런 일이 왜 일어날까 싶은 고난까지도, 최선을 다해 내 것, 내 이야기로 만들어야 한다. 나를 둘러싼 세상이 끊임없이 변하고, 주변에서 자꾸만 빠르고 쉬운 '공정'을 내게 권할지라도, 변하지 않는 내 안의 가치를 찾아서 집중해야 한다. 그래야만 시간이 아무리 지나도 여전히 빛나는, 대체 불가한 명품이 된다.

아직도 나는 명품 빈티지가 되기 위해 나를 가꾸고, 나를 사용하고, 나만의 이야기를 만들어가고 있다. 세월의 거친 세파를 피할 순 없겠지만, 명품 피아노처럼 더 깊은 울림을 들려줄 수 있는 사람이 되기를, 빈티지 의자처럼 사람들에게 편안한 쉼을 줄 수 있는 사람이 되기를 바라고 있다.

 자신만의 이야기를 쌓고, 자기 자신을 소중하게 가꿔온 사람은 세월의 풍파 속에서도 변치 않는 가치를 품은, 대체 불가능한 명품 인간이 된다.

세상의 속도가 아니라
나만의 속도로

덴마크에서는 고등학교를 졸업한 청년들이 바로 대학을 가지 않고 1~2년 정도 sabbatår, 즉 안식년이라는 개념으로 자신을 돌아보고, 다른 세계를 경험해보는 시간을 가진다고 한다. 한국에 교환학생으로 왔다가 나를 만난 피에 역시 그 시간을 거쳐 대학생이 된 친구였다. 단정한 금발머리에, 말하는 품새가 대학생이라고 하기에는 너무 성숙해 보였다. 자신의 일을 독립적으로 알아서 처리하는 것도 얼마나 능숙한지, 집을 구하는 것이나 새로운 문화에 적응하는 것에 문제가 없어 보였다. 그런 어른스러움이 놀라워서 슬그머니 물어보니 덴마크 청년들의 안식년에 대해 말해준 것이었다.

"고등학교를 졸업하고 나서 자기가 무엇을 하고 싶은지 정확

모든 인생은 '나'라는 배에서 출발한다

하게 아는 아이들은 정말 드물거든요."

안식년을 보내는 청년들은 전문적인 일은 아니어도 어느 정도의 경제활동을 하면서 '나'와 '세상'이라는 과목을 공부한다. 피에는 스페인, 뉴욕에 가서 살아보기도 하고, 영화를 주제로 하는 시민학교도 다녀보고, 파트타임으로 스튜디오에서 일도 해보다가 드디어 자기가 공부하고 싶은 학문을 찾았을 때 대학에 갔다. 그녀가 찾은 전공은 철학. 그녀는 공부하고 싶은 과를 정해 대학에 가기까지 1~2년도 아닌, 5년의 시간을 보냈다고 했다. 대부분의 덴마크 학생들이 대학에 바로 가지 않는다고는 하지만 5년이나 방황(?)하다니, 한국 엄마인 나는 그 시간을 부모가, 그리고 자기 자신이 어떻게 견뎠을까, 하는 생각이 들었다. 나는 다른 사람들의 속도에 맞추지 않으면 큰일 날 것 같은 분위기 속에서 살아왔으니 말이다.

나는 나를 돌아볼 겨를 없이 사회적 기준과 시계에 맞춰서 살아왔다. 제때에 대학을 가고, 졸업 후 바로 취업하고, 젊을 때 결혼하여 아이들도 낳았다. 그렇게 사회적 시간을 맞추면 나의 인생이 잘 완성되어갈 줄 알았다. 그런데 남들이 말하는 곳을 다 들르느라, 정작 나라는 세계를 찾는 데는 더 오래 걸리고 있다. 초반에 느리게 가는 것처럼 보였던 피에가 어쩌면 나보다 더 빨리 그곳에 도달할지도 모르겠다. 노를 천천히 저으면서도 자신이 보고 싶은 것을 다 보고, 자신이 해보고 싶은 경험을 다 하고 있는 피에는 오히려 지름길로 목적지에 가고 있는 듯 보인다.

피에는 덴마크에 돌아가서는 컴퓨터공학을 공부하며, 자신이 배운 철학 주제들을 융합해 인공지능 윤리 컨설턴트라는 꿈을 향해 가고 있다. 다른 사람들이 어떤 속도로 가든지, 세상이 뭐라고 하든지, 그녀는 자기 안의 시계를 들여다보며 똑바로 가고 있다.

모지스 할머니는 천천히 자신만의 속도로 인생을 만들어간 대표적인 인물이다. 애나 메리 로버트슨 모지스Anna Mary Robertson Moses는 흔히 그랜마 모지스로 불리는 미국의 화가인데, 정규 미술 교육을 받지 않고 76세에 그림을 그리기 시작해서 101세에 돌아가실 때까지 1500점이 넘는 작품을 남기셨다. 1952년에 《인생에서 너무 늦은 때란 없습니다》라는 자서전을 내면서 그녀의 삶이 더 자세히 알려지게 되었는데, 화가로서의 삶을 시작하기 전에는 남편의 농장 일을 거들며 감자칩이나 버터도 만들어 팔았다고 한다. 아이를 다섯 명이나 키우면서 말이다.

그런데 결국 그녀가 찾은 진정한 자아는 어릴 때의 꿈인 화가였다. 감자칩 회사 CEO가 되었어도 잘 하셨을 거 같지만, 화가

모든 인생은 '나'라는 배에서 출발한다

로서의 자신이 가장 마음에 드셨던 것 같다. 그녀가 화가로서의 커리어를 시작한 방법은 전형적이고 멋드러진 방법은 아니었다. 지역 박람회에서 홈메이드 피클을 팔면서 그림도 같이 가지고 나가 개시한 거였다. 은퇴를 해도 한참 전에 했을 나이에 그녀는 새로운 커리어를 열었다. 그녀는 자서전에서 이렇게 말했다.

"어릴 때부터 늘 그림을 그리고 싶었지만 76살이 되어서야 시작할 수 있었어요. 좋아하는 일을 천천히 하세요. 때로 삶이 재촉하더라도 서두르지 마세요."

진정한 자신이 영글 때가 저마다 다 다르다는 사실이 세상을 생동감 넘치고 다채롭게 만들어준다. 마치 오케스트라에서 악기마다 솔로 부분이 다르고, 각자 큰 소리와 작은 소리를 내는 타이밍이 달라서 풍성한 음악이 되듯이. 어떤 꽃은 봄에 피고, 어떤 꽃은 겨울에 피어서 아름다운 풍경을 자아내듯이. 다 똑같은 속도로 인생을 산다면 얼마나 지루하고 재미없는 역사가 되겠는가.

그렇다고 지금 당장 원하는 일만 하라고 권하고 싶지는 않다. 미래에 대한 불안 없이 하고 싶은 일만 골라서 할 수 있는 경제적 자유를 젊은 시절에 이루기란 쉽지 않다. 돈을 벌기 위해 나답지 않게 사는 시간도 겪어보고, 세상의 기준 속에서 부대껴보

1장. 배

는 시간도 있어야 나답게 사는 삶의 소중함을 더 깊이 체감할 수 있으리라. 모지스 할머니 역시 바쁘게 생활을 꾸리고, 틈을 내어 행복을 위해 그림을 그리셨다고 했다. 어쩌면 모지스 할머니는 바쁜 삶 속에서도 자신이 좋아하는 일을 계속 했기 때문에, 그것만을 하며 행복해질 진정한 자신을 만나기 위해, 오래 사신 걸지도 모른다. 나도 목적지까지 한참이 남아 있어 계속 열정적으로 살아갈 수 있는 것일까. 그렇다면 내 꿈이 느리게 이루어지고 있는 것에 감사해야 한다.

미국의 시인 헨리 데이비드 소로우_{Henry David Thoreau}가 《월든》에서 한 이야기를 기억한다면 우리는 한 번 더 스스로를 토닥여 줄 수 있다.

"왜 우리는 그토록 조급하게 성공을 향해 달려가고, 왜 그렇게 다급한 일에 스스로를 몰아넣는 걸까? 어떤 사람이 동료들의 걸음에 보조를 맞추지 못한다면, 어쩌면 그가 다른 고수의 북소리를 듣고 있는 걸지도 모른다. 그가 듣는 그 음악에 맞추어 걸어가게 하라. 그 박자가 느리든, 멀리서 희미하게 들려오든 상관없이 말이다. 사과나무나 참나무와 같이 서둘러 자라야 할 이유는 없다. 자신의 봄을 억지로 여름으로 바꿀 필요는 없지 않겠는가?"

천천히 가고 있어도 올바른 길로만 가고 있으면 된다.

 배마다 가장 아름답게 흐를 수 있는 속도가 있다. 서두름에 마음을 빼앗기기보다, 여정 속에서 내게 필요한 걸 찾고, 바른 방향으로 나아가는 것이 진짜 항해다.

내 삶을 바꾼
7일간의 인생 수업

내 인생에 영향을 미친 책들은 많지만, 그중에서도 '인생 책'을 하나 뽑으라면 나는 《영혼을 위한 닭고기 수프》라고 말하겠다. 책 내용이 좋기도 하지만, 그 내용을 직접 삶에서 '살아낼' 기회가 있었기 때문이다.

처음 이 책을 만난 것은 일터에서였다. 내 첫 직장은 지하에 큰 서점이 있는 빌딩에 있었다. 나에게 서점이나 도서관은 놀이터 같은 곳이었기에 점심 시간에 종종 혼자 서점에 내려가 책을 읽고는 했다. 힘든 일이 있을 때도 퇴근 길에 지하에 내려가 책을 찾았다. 나는 그때 외국인 기관 투자자들의 투자 활동을 대행하는, 숫자와 논리만으로 가득한 삶을 살고 있었는데, 책을 읽는 건 숫자와 글자의 균형, 또는 이성과 감성의 균형을 이루는

모든 인생은 '나'라는 배에서 출발한다

의식 같기도 했다. 그렇게 서점을 들락날락하다가 베스트셀러 매대에 있는《영혼을 위한 닭고기 수프》를 읽었는데, 도저히 닿을 수 없는 듯한 꿈을 기어이 이뤄내는 보통 사람들의 이야기가 들어 있었다. 그러다 불현듯 '나도 언젠가 이렇게 다른 사람들에게 힘이 되어주는 따뜻한 책을 쓰고 싶다'라는 생각이 스치고 지나갔다. 그러나 그 생각은 금방 다른 바쁜 일에 밀려났고, 나는 그 책에 대해 잊은 채 한참을 살았다.

다시 그 책을 떠올린 것은 인생에 풍랑이 닥쳤던 마흔 중반 즈음에였다. 나는 그때 아직 경제적으로 안정이 되지도 않았고, 일을 좋아했지만, 몸과 마음이 도저히 버틸 수 없는 상태가 되어 파도에 떠밀리듯이 퇴사를 하게 되었다. 그간 쌓인 고됨이 한꺼번에 터져 나왔는지 마음도 너덜너덜했고, 몸도 지칠 대로 지쳐 있었는데, 감기마저 몹시 심하게 걸려 사경을 헤매고 있던 어느 날이었다. 누군가 힘내라고 닭죽을 선물로 보내주었다. 정신이 혼미한 와중에도 나는 그 순간 다시《영혼을 위한 닭고기 수프》를 꺼내 읽고 싶다는 마음이 들었다. 앞으로 어떻게 살아갈지 방향을 잡지도 못한 채 직장을 나오면서 찾아온 두려움을 그 책을 통해 잠재울 수 있으리라는 묘한 믿음이 있었다.

그렇게 다시 읽은 책에 적혀 있던 작가의 웹사이트를 통해 나는 그가 진행하는 교육을 신청했다. 그리고 내 삶을 바꾼 잭 캔필드_{Jack Canfield}의 인생 수업을 만났다.

그 수업은 약 반 년 동안 진행되었는데, 온라인으로 6개월을 공부한 후에 미국까지 날아가 애리조나 주 피닉스에서 7일간의 오프라인 수업에 참석하는 것으로 마무리가 되었다. 수강료는 비쌌지만, 이 일주일이 내 인생에 미친 영향을 생각하면 전혀 아깝지 않았다.

수업의 내용은 이전에 내가 다녔던 그 어떤 학교나 기업에서도 배우지 못했던 것들이었다. 수업 제목은 '성공적인 삶을 위한 돌파구'였는데, 커리큘럼은 '나 자신을 100퍼센트 책임지기' '두려움을 이겨내는 법' '관계를 맺는 법' '거절을 다루는 법' '소망을 현실로 만드는 법' 등 굉장히 개인적이고 일상에 밀접한 내용으로 구성되어 있다. 27개국에서 240명의 사람들이 비행기를 타고 날아와 참여했는데, 시간을 내고 돈을 지불하면서까지 이런 인생 수업을 배우고 싶은 사람들이 그토록 많았던 것이다. 물론 나도 간절히 알고 싶은 주제였다.

잭 선생님은 조용하고 부드러운 음성으로 교육을 이끌었다. 그가 책에 썼던 따뜻함과 열정이 그대로 재현되는 시간이었다. 인간의 선한 본성을 이끌어내도록 설계된 수업이었기에, 교육

모든 인생은 '나'라는 배에서 출발한다

을 받는 내내 많은 사람과 내밀한 이야기를 꺼내놓고 나눌 수 있었다. 그리고 내 깊은 상처들이 긍정적으로 재해석되는 과정이 날 치유하는 걸 체험할 수 있었다. 하루 종일 강의를 듣고 이야기를 나누니 피곤하긴 했지만, 시간이 가는 게 아쉬울 정도로 행복감이 차올랐다.

나는 주로 시험을 잘 보기 위해 공부했고, 지식을 얻기 위해 수업을 들었는데, 잭 캔필드의 교육은 삶의 내공을 쌓게 해주었다. 더 빨리 이런 걸 배울 수 있었다면 사회생활을 훨씬 잘했을 것 같다는 생각도 들었다. 잭 선생님은 하버드대에서 역사를 전공한 고등학교 역사 선생님이었다고 했는데, 지식을 전달하는 선생님으로 시작해서 지혜를 전달하는 선생님으로 커리어를 전환한 것이다. 그런 종류의 선생님은 단순히 지식이 많다고 될 수 있는 게 아니다. 다양한 경험과 켜켜이 쌓아 올린 내공이 있어야만 그처럼 가르칠 수 있으리라. 그는 수업 중에 자신이 겪은 폭풍 같은 경험들과 상처들을 많이 털어놓았는데, 그 아픔이 오히려 지금의 자신을 만들었다고 했다.

그는 한치 앞을 알 수 없는 미래에 두려움을 느끼지 말고, 오히려 두려움이 느껴질 만큼 큰 꿈을 꾸어야 한다고 말했다. 그리고 교육을 마치는 시간, 그가 전해준 마지막 문장은 이것이었다.

"Be yourself. – 당신 자신이 되세요."

교육을 마치고 왔을 때 갑자기 모든 것이 달라진 것은 아니었지만, 평생에 걸쳐 삶의 단계별로 적용할 수 있는 근본적인 프레임을 얻었다. 안정성을 최우선으로 두고 살아가던 나에서, 불투명한 미래에 발을 내딛고 원하는 프로젝트에 도전해 더 성장하는 나로 변화했다. 나 자신을 믿고, 불안감을 덜어내며, 삶의 프로세스를 신뢰하는 법을 배웠다. 긍정성과 감사의 실제적인 가치를 경험하게 되었고, 어두운 과거나 할 수 없다는 좌절감과 이별하며 한 발이라도 앞으로 나아가는 일상을 맞이하게 되기도 했다. 사랑과 용서가 세상에서 가장 고귀하고 강력한 힘이라는 사실도 다시 깨달았다.

교육을 받고 돌아와서는 잭 선생님, 그리고 같이 교육을 받았던 작가들과 함께 책을 공저해서 아마존 서점에 출간하는 기회도 생겼다. 영어로 리포트를 쓰는 업무를 하며 언젠가 영어로 책을 내고 싶다는 소망이 마음속 깊숙한 곳에 있었는데 예상치 못한 방법으로 성취된 것이다. 그뿐 아니라, 지금 돌아보면 그 수업 기간에 전 세계의 친구들과 나누었던 나의 꿈 중 많은 것이 이루어졌고 또 많은 것이 진행 중이다. 누군가가 보기엔 대단한 꿈이 아닐 수 있고, 그 과정에는 매번 난관이 가득하지만,

모든 인생은 '나'라는 배에서 출발한다

그래도 난 그런 폭풍 속에서도 더 강해지고 조금 더 행복해지고 있다. 내 영혼을 위한 닭고기 수프를 끓이는 나만의 레시피가 날이 갈수록 점점 더 완전해지고 있기 때문이다.

 인생의 풍랑 속에서, 진짜 나를 만나기 위해 과감히 떠나보자. 그 길 위에서 스스로를 치유하고, 행복을 발견하는 인생 수업이 시작될지 모른다.

완벽하지 않아도
괜찮을 용기

예전에 함께 일하던 프랑스 동료가 나에게 이런 말을 속삭인 적이 있다.

"나는 Warrior(용사)처럼 살고 싶은데 사실은 Worrier(걱정하는 사람)로 태어난 거 같아."

극적인 몸짓까지 동원해서 이 말을 하는 그를 보며 얼마나 깊이 공감했는지 모른다. 그는 누가 봐도 자신감 넘치는 인재로 보였지만, 알고 보면 그 안에도 연약한 마음이 있었다. 전 세계 각계각층의 사람들을 만나며 알게 된 것은 누구나 자기 안에 숨기고 있는 불완전한 모습이 있다는 사실이다. 무력감, 절망감, 실망감… 이런 것들을 피부 속에 잘 감추고 있을 뿐이다. 한국에서 태어났든, 프랑스에서 태어났든, 우리는 걱정이 많고, 모자란 나 자신을 보며 한숨 쉬는 날이 많다.

　나는 원래 무척 소심한 성향의 사람이다. '선천적으로 이렇게 태어난 걸까, 개선될 수는 없는 걸까' 늘 이런 생각을 할 만큼 어릴 때부터 겁이 많아 무엇이든 안전한 것을 좋아했다. 지금까지도 공포영화나 추리소설 같은 것은 아예 보지 못하고, 동물도 대체로 무서워하며, 놀이공원의 놀이기구도 대부분 탈 수 없어서 신나게 타는 사람들을 보는 것만으로 만족해야 한다.

　게다가 기술적으로 빠르게 변화하는 사회에서 나는 늘 그만큼의 속도로 따라가지 못해 허덕인다. 기계나 기술은 어쩐지 나와 잘 맞지 않는 것처럼 느껴진다. 새로운 것이 나올 때마다 앞서서 시도해보고 마스터하려고 노력은 하는데, 남들보다 두 배는 더 노력해야 겨우 평균에 도달하는 듯하다. 이 기술의 시대에 나는 왜 기술에 능한 사람으로 태어나지 못했을까! 내 자신을 미워하고 싫어한 적도 참 많았다.

　나의 작고 약한 몸은 또 어떤가. 타고 나길 약하게 태어나 완벽함과는 아예 거리가 멀다. 평생 아쉬운 나의 모습이다. 그런데도 키 190센티미터가 넘는 건 일반적인 건장한 북유럽의 바이킹 아저씨들과 일할 때는 내가 이렇게 왜소한 사람인지 몰랐다. 그들의 체력에 맞춰서 나도 일하고 있어서인지, 아무도 작

1장. 배

다고 말하는 사람이 없어서인지, 나도 마치 거인나라의 사람인 것 같은 착각에 빠졌다. 삶을 책임지려는 굳은 의지가 있을 때 주어진 신체 조건과 상관없는 초능력이 생긴다는 사실을 생생히 체험한 시간이었다.

마찬가지로, 대범함이라고는 내 안에서 찾아보기 어려웠는데, 인생의 숙제가 커지면서 그걸 어떻게든 해내려고 하다 보니 결과적으로 용기도, 도전 정신도 생겨났다. 그 많은 나라와 도시들에 겁 없이 혼자서 출장을 다닌 것도, 책을 쓴 것도, 무대에서서 내 이야기를 말한 것도, 비즈니스와 투자를 시작한 것도, 한때는 다 막연한 꿈들이었다. 나에게 그걸 이룰 용기가 있으리라고는 상상도 하지 못했었다. 그러니 내가 할 수 있다면 이 세상 모든 사람이 다 할 수 있다고 생각한다.

또한, 기술을 포함해서 내가 능하지 못한 분야는 이것저것 있지만, 다행히 내가 잘 못하는 것을 잘하고 심지어 좋아하기까지 하는 사람들이 주변에 많다. 재능이 없는 부분은 잘하는 사람들에게 도움을 받으면 되는 거였다. 아주 간단한 삶의 이치였다.

"세상에 휩쓸리지 않고 자기 소신을 지키며 산다는 건 참 어려운 일 같아요."

모든 인생은 '나'라는 배에서 출발한다

자신이 하고 싶은 일도 아직 모호한데 세상 사람들의 인정도 신경 쓰여 그 사이에서 왔다 갔다 고민이 많은 아들이 저녁 식사 자리에서 이런 말을 꺼냈다. 맞다. 나 자신에게조차 진솔해지기가 쉽지 않고, 원하는 것을 깨달았다 한들 그것을 끝까지 밀고 나갈 의지와 능력과 환경을 갖추기란 더더욱 어렵다. 그래서 나도 플랜 A를 선택하지 못했고 플랜 B, 플랜 C… 어쩌면 플랜 G까지 휩쓸려 왔는지도 모른다. 우리가 미디어에서 보는 성공한 사람들은 대개 그 바늘구멍을 통과한 소수의 사람들이다. 그런데 그 지점에 도달하지 못했다고 해서 우리의 인생이 가치가 없는 것인가? 내 부족함이 보이고, 실패가 쌓이면 위축되는 것이 당연하지만, 사실 그것은 나에게 더 알맞은 방향으로 나를 인도하는 신호거나 나를 조금 더 성장시키는 기폭제다.

"그래도 잘해볼 수 있을 거 같아요."

긴 대화 끝에 아들은 말했다.

"그럼, 더 잘할 수 있지. 엄마 같은 사람도 해냈는걸."

우리는 희망을 담은 의연한 말로 대화를 마쳤다.

완벽한 나는 이 세상에 없지만, 여기까지 왔다. 놀라운 일이다.

 완벽하지 않아도 끝까지 버텨 지금까지 온 여정이 바로 내 용기이 며 능력이었다. 두려움 많던 나는 결국 나만의 방식으로 바다를 건 너고 있다.

모든 인생은 '나'라는 배에서 출발한다

인생의 물살을 버틸
나만의 닻을 만들기

작가 무라카미 하루키가 마라톤을 하는 것은 널리 알려져 있
다. '달리는 소설가'라는 별칭을 가지고 있고, 《달리기를 말할 때
내가 하고 싶은 이야기》라는 제목의 에세이까지 썼을 정도이니
말이다. 그는 책을 쓰는 사람인데 왜 전혀 상관없는 달리기를
그토록 꾸준히 하는 것일까. 어떤 직업을 가지고 살든, 고통과
슬럼프를 통과해 성취를 이루는 그 긴 고행의 시간 동안 지구력
을 받쳐줄 무언가가 반드시 필요하기 때문일 것이다. 나는 하루
키를 세계적인 문학가로 만든 건 그의 달리는 습관이라고 말해
도 과언이 아니라고 생각한다.

인생에 거센 물살이 들이칠 때, 우리는 그것을 이겨낼 중심이
필요하다. 순식간에 떠내려가지 않도록 말이다. 삶이 폭풍우 한

"

가운데에 있는 것 같고, 내가 타 있는 배가 이리저리 요동치고 있는 것만 같을 때도 움직이지 않을 나만의 닻을 미리 만들어둬야 한다.

예를 들어, 직장인들에게 있는 '9 to 6'라는 매일의 시간 규칙이 회사를 다니는 동안에는 참 싫지만, 사실 회사가 어느 정도는 건강한 루틴을 만들어주고 있는 셈이다. 막상 반복적인 출퇴근에서 해방되고 나면 균형 잡힌 삶이 무너져서 한동안 힘든 시간을 보내는 은퇴자들을 종종 본다. 자유가 왔으니 마냥 좋을 것만 같지만, 단단한 루틴이 사라질 때 겪는 정서적 타격이 있는 것이다. 대부분의 정신 질환은 일상의 루틴이 깨지는 것을 기점으로 한다는 말도 있다.

세상이 우리에게 매년 규칙적으로 제공해주는 날들, 이를테면 명절, 크리스마스, 어린이날, 생일 혹은 정기적인 축제, 회의, 박람회, 이런 것들도 알고 보면 우리의 생활을 반듯하게 정리하고 되돌아보게 해주는 기회다. 나는 이렇게 기념할 수 있는 날을 그냥 지나치지 않는다. 매년 돌아오는 그날에 쌓는 즐거운 추억은 힘든 일이 닥칠 때도 나를 무너지지 않게 만들어주는 심리적 자산과도 같기 때문이다.

예전 일터에서는 부활절이나 크리스마스 같은 날에 항상 모여서 같이 음식을 먹으며 파티와 게임을 했다. 그런 파티가 없으면 한 해가 지났다는 느낌이 들지 않을 정도로 굳건하고도 즐거운 전통이었다. 생일을 맞은 사람이 직접 케이크를 구워 와 나누어주는 전통도 있어, 생일을 맞은 사람도, 축하하는 사람들도 더 의미 있게 그날을 보낼 수 있었다. 일주일에 한 번씩 하는 회의, 한 달에 한 번씩 하는 글로벌 회의, 매년 하는 교육 등 정형화된 활동은 질서를 만들어냈다. 이때의 루틴들은 내가 만든 현재의 일터에도 적용하고 있다. 일하는 공간에서 정기적으로 생기는 행복한 추억이, 언제든 찾아올 수 있는 불행을 이기길 바라기 때문이다. 행복한 추억을 만들 만한 날엔, 그 기회를 놓치지 말아야 한다.

내가 스스로 만들어 기념하는 날이 있어도 좋을 것이다. 어떤 날을 정해서 규칙적으로 만나는 사람들이 불규칙하게 만나는 사람들보다 오래 관계를 유지하기도 하듯이, 나만의 전통, 나만의 문화가 쌓이면 자신과의 관계도 더 단단해진다.

그래서 내가 매일 하는 일은 일기를 쓰는 것이다. 문장력을 다듬기 위해 쓰는 것이 아니라 삶을 버티기 위해 쓴다. 지치고 힘들었던 날, 삶이 내게 돌덩이를 던진 날, 이유 없는 악의를 마주한 날, 일기를 쓰는 시간이 날 구원하곤 했다.

몸과 마음은 엮여 있으니 마음의 근력뿐 아니라 몸의 근력을 키우는 일도 규칙적으로 실천한다. 아침에 일어나면 하는 첫 번째 루틴은 100부터 1까지 거꾸로 세면서 스쿼트를 하는 일이다. 미국의 한 자기계발 회사 대표가 일어나자마자 100에서 1까지를 거꾸로 세면 아침에 생기는 창의성 뇌파인 알파파가 활성화된다고 이야기한 것을 듣고 난 직후부터 지금까지 유지 중인 습관이다. 하루 일과를 시작하여 스트레스를 받으면 뇌파가 베타파로 바뀌게 되니 최대한 그 전에 알파파를 활성화하는 것이 좋단다. 처음엔 아침에 일어나서 졸린 상태로 해보려고 했더니 다시 잠에 빠지고 제대로 셀 수가 없었다. 그래서 운동과 결합해보니 스쿼트 100개를 일어나자마자 후딱 할 수 있고, 정신도 거꾸로 세는 것에 집중할 수 있어서 아침 루틴으로 정착시켰다.

그렇게 정신을 차리고 나서는 5~10분 정도 기도하는 마음으로 조용히 명상을 한다. 이때 나의 궁극적인 목적과 그 하위에 있는 목표들을 떠올리면서 그것들이 이루어진 모습을 상상한다. 오늘 하루가 즐겁고 활기차며 좋은 일로 가득할 것이라고 스스로 암시하는 시간이기도 하다. 그다음에는 최신 TED 영상이나 지식 영상, 경제 뉴스를 들으며 하루를 시작한다. 끊임없이 배우는 일이 나의 절대적인 루틴이다.

저녁이 되면 운동과 스트레칭을 하고 샤워를 한 다음 족욕을 하며 30분간 책을 읽고, 아이디어를 노트에 쓰는 시간도 가진다. 지나치게 열심히 살면 교감신경이 부교감신경보다 항상 더 항진되어 있어서 불면증이 오기 쉽다고 한다. 그래서 저녁에는 부교감신경을 활성화하는 루틴을 만든 것이다. 부교감신경이 발에 많이 몰려 있다는 전문가의 말에 족욕을 하고 있는데, 내 경험상 확실히 도움이 된다. 이때 읽는 책은 영혼을 촉촉하게 만드는 책으로 고른다. 지식을 넣는 책은 주로 낮에 이동하면서 보고, 저녁에는 나를 행복하고 따뜻하게 만들어주는 책을 보는 식이다. 인재도 되어야 하지만, 살아보니 인간이 되는 것이 그보다 훨씬 중요하기 때문이다.

자기 전에는 하루 종일 열심히 일한 몸을 마사지로 풀어주면서 몸에게 고마운 마음을 전한다. 스트레스로 굳어진 몸을 부드럽게 만드는 루틴은, 정신 또한 굳지 않도록, 늘 열린 태도로 살도록 마음을 풀어주는 시간이기도 하다.

마지막으로 아침저녁으로 하는 중요한 일 중 하나는 거울연습mirror exercise이다. 양치질을 하고 나서 거울을 보면서 나 자신을 축복해주는 것이다. 잘한 일을 칭찬해주고, 할 수 있다고 스스로 사랑을 담아 격려해준다. 영어 단어에서 희생양-victim과 승리자-victor는 한끝 차이다. 희생양처럼 느껴지는 인생을 승

리자의 삶으로 만드는 데에는 단지 작은 루틴이 필요한지도 모
른다.

 인생의 폭풍에 휩쓸리지 않기 위해 스스로 만든 작은 루틴들은,
삶의 물살이 거세질 때마다 나를 붙잡아주는 보이지 않는 닻이 되
었다.

✳ 나라는 배의 설계도 ✳

1. 나라는 배에 붙여주고 싶은 이름과 이유를 적어보세요.

> ex) 데비 호. 좁은 세상에 갇히지 않고 넓은 세상에서 다양한 사람과 소통하면서 살고 싶어 지은 내 글로벌 네임을 의미.

2. 내가 어떤 사람인지 알기 위해서 어떤 노력을 하고 있나요? 아니면 어떤 노력을 해보고 싶나요?

> ex) 내게 영감을 주는 순간들, 영감을 주는 사람들을 수집한다. 그것을 모아놓은 수첩을 보면 내가 어떤 것을 좋아하고, 어떤 것에 동기부여를 받는 사람인지 알 수 있다.

3. 내가 생각하는 나의 강점과 약점은 무엇인가요? 강점을 강화하거나 약점을 보완할 전략이 있나요?

> ex) 강점 – 긍정성, 강한 의지, 정리하는 습관.
>
> 약점 – 테크포비아, 소심함, 지나친 감정 이입.
>
> 전략 – 내가 약한 부분에서 강한 사람들을 주위에 둔다. 그 사람들에게 도움을 청하는 것을 부끄럽게 생각하지 않고, 도움이 되는 조언을 들으면 적어놓고 계속 되새긴다.

· 강점

____

____

____

____

· 약점

____

____

____

____

• 전략

4. 이것을 할 때 가장 나답고, 내가 좋아서 하는 일, 가능한 한 오래오래 하고
   싶은 일(스위트 스팟)은 무엇인가요?

ex) 누군가를 환대하는 일, 다양한 사람들의 이야기를 듣는 일, 내 경험
   을 이야기로 풀어내는 스토리텔링. 앞으로는 어떤 업무를 하든지
   이런 일의 성향을 그 안에 녹여내려고 한다.

5. 마지막으로 내 배의 설계도를 나만의 방식으로 표현하고 그려보세요.

   (배의 크기, 정원, 자재, 속도, 용도 등)

목적지

내 안의 나침반이 향하는 곳은 어디인가

항해에 있어 배 다음으로 가장 중요한 것은 목적지다. 목적지가 없다면 굳이 뭍을 떠날 이유도 없다. 목적지 없이 바다로 나선 배는 이리저리 표류하며 파도에 떠밀릴 뿐이다.

분명한 목적지를 품은 배는 거센 풍랑 속에서도 버틸 힘이 있고, 길을 잃어도 다시 나침반을 들 수 있으며, 항해의 모든 순간에 의미를 발견한다. 왜냐하면 그 모든 과정이 목적지를 향한 여정이기 때문이다.

단, 목적지는 반드시 나만의 것이어야 한다. 그저 다른 배들이 모두 가는 곳이라고 해서 따라가다가는, 어느 순간 그곳이 내가 바라던 항구가 아님을 깨닫게 될지도 모른다. 내 마음이 진정으로 원하는 곳, 나를 숨쉬게 하고 행복하게 만드는 목적지를 찾는 순간, 진정한 항해가 시작된다.

> ## "'왜' 살아야 하는지를 아는 사람은 거의 모든 '어떻게'를 견딜 수 있다."
>
> Hat man sein Warum des Lebens,
> so verträgt man sich fast mit jedem Wie.
>
> **– 프리드리히 니체**

인생의 목적지가
꼭 필요한 이유

어느 날 아침 출근을 했더니 내 책상 위에 잡지 기사 한 장이 작은 쪽지와 함께 놓여 있었다. 기사는 책 《타샤의 정원》을 소개하고 있었고, 쪽지에는 동료의 글씨체로 이런 말이 적혀 있었다.

"데비가 90살이 된다면 이런 모습이 아닐까 해요."

나중에 알고 보니 비행기에서 잡지를 보다가 이 기사를 보고 내가 떠올라서 오려왔다고 했다. 비치된 잡지를 오려올 분이 아닌데, 얼마나 강한 인상을 받았으면 그러셨을까 생각하면서 찬찬히 살펴봤다. 기사를 읽어보니 타샤는 글을 쓰고 그림을 그리는 동화 작가이면서, '라이프 스타일러'라고도 칭할 수 있을 만큼 다양한 일을 하는, 신체적 나이는 90살이 넘었지만, 삶은 소녀 같은 할머니였다. 비즈니스 미팅과 마켓리포트 작성 같은 건

조한 일에 파묻혀 있었으며 90살은 아득히 멀어 보이기만 했던 30대의 나는 타샤 튜더의 삶이 너무 동화같이 느껴졌다. 그렇지만 동료의 애정 어린 메모와 자연이 어우러져 시선을 끄는 표지에 마음을 뺏겨 그녀가 쓴 책들을 사서 읽기 시작했다.

책을 읽어보니, 커다랗고 아름다운 정원을 끊임없이 가꾸면서 그림을 그리고, 동화를 쓰고, 아이들을 위한 인형극을 만들고, 베틀에 앉아 옷감도 짜고, 오래된 부엌에서 전통적인 방법으로 요리도 하는 그녀가 90살이라는 사실이 도저히 믿기지 않았다. 그런데 내 관심을 가장 강렬하게 끌었던 것은 따로 있었다.

"타샤 튜더는 어린 시절부터 자신이 어떻게 살고 싶어 하는지 정확히 알고 있었다."

이것은 책 《행복한 사람, 타샤 튜더》의 첫 문장이었는데, 책을 덮을 때까지, 아니 지금까지도 내 머릿속을 맴돌고 있다. 그 문장은 내게 질문을 던졌다. 나는 과연 인생의 마지막 날에 어떻게 살고 싶은지 정확히 알고 있는가?

타샤 할머니가 90살에 침대에 누워 있지 않고 그렇게 부지런하게 모든 일을 해낼 수 있다는 것도 신기했지만, 오랜 시간 자신의 세계를 원하는 모양으로 구축해온 그 힘이 유독 기품 있게 느껴졌다. 여전히 누군가에게 행복감을 선물하고, 자신이 좋아하는 일을 계속하고, 자신에게 소중한 가치를 전할 수 있는 사람으로 살아가고 계신다는 사실이 마음에 큰 발자국을 남겼다. 게다가 장미 전문가가 되고 싶다는 꿈도 써 있었는데, 90살이 넘어도 새로운 꿈을 꾸고 있다는 점이 어찌나 멋있던지. 나도 그런 사람이 되고 싶었다.

그 이후에도 나에게 타샤 튜더와 관련된 책이나 영상을 보내주는 사람들이 많았는데, 아직 한창 젊은 나이인 나에게 왜 자꾸 할머니 책을 가져다주는 건지 웃음을 터뜨리는 날도 있었지만, 덕분에 그때마다 나의 먼 훗날을 다시 한번 생각해볼 수 있었다.

"내일 일어날 일도 모르는데 인생의 목적지를 대체 어떻게 알아요?"

생의 마지막 모습을 생각한다는 말에 누군가는 이렇게 반문할 수도 있다. 그렇지만 목적지를 생각하며 내일을 맞이하는 것과 별다른 목적 없이 그냥 다음 날을 맞이하는 것은 '지금'을 대하는 태도에 큰 차이를 만든다. 선명한 목적지가 있을 때는 오늘 내가 할 일이 좀 더 분명해지고, 그것에 더 큰 의지와 에너지를 투자할 수 있게 된다.

우리가 차를 타고 갈 때 네비게이션에 목적지를 설정한 후 주어지는 행로 중 하나를 선택하듯이, 목적지가 있어야만 가는 길을 만들 수 있다. 그 길이 직선 코스는 아닐 수도 있다. 가끔 길을 잘못 들어 헤맬 수도 있고, 새로운 길이 나타나 호기심에 가볼 수도 있다. 어떤 과정이든 목적지가 있다면, 그것을 다시 꺼내 볼 수 있다면, 가는 길이 안심이 된다. 목적지가 아예 없다면 그 야말로 어디로 항해를 해야 할지 갈 바를 몰라 부유하는 인생이 될지도 모른다. 목적지가 있는 사람은 다소 헤매거나 돌아갈지 언정 완전히 길을 잃지는 않는다.

지금은 90살이 아주 멀게만 느껴지지는 않는다. 타샤 튜더의 책이 내게 질문을 던진 이후로 나는 꾸준히 나의 목적지에 영감을 주는 장소를 방문하고, 그런 사람들을 만나고 있다. 주어진 날들이 아깝지 않게, 힘을 내서 인생을 끝까지 의미 있게 일구어 가시는 분들의 이야기에 귀를 기울인다.

그런 경험들을 통해 내 목적지의 모습은 계속 새로운 것이 덧대어지고, 진화하고 있지만 방향은 한곳으로 수렴하고 있다. 무엇을 갖고, 무엇을 하며, 누구와 함께 있는가, 즉 내가 서 있을 배경보다는 내가 어떤 사람으로 나이 들고 싶은지, 나라는 존재에 대한 청사진이 매일 조금씩 더 명확해지고 있기 때문이다. 우리의 비전과 비전보드가 아무리 철저하게 설계되었더라도, 소유와 성취에만 집중이 되어 있고 내 모습에 대한 지향점은 빠져 있다면, 그건 알맹이가 빠진 미완성 그림이 되고 만다. 어쩌면 화려한 성공보다 숨죽인 아픔이 더 많은 삶일지라도, 과정이 느리고 인내를 요구할지라도, '내가 되고 싶은 나'가 되는 것이 내겐 더 가치 있다고 느껴진다.

퇴근하는 길에 좋아하는 가게에 들렀더니 천장에서 물이 뚝뚝 떨어지고 있었다. 건물주가 고쳐줘야 하는데 소통이 되지 않는다고 가게 주인은 하소연했다. 위층에 살고 계신 90살이 넘은 할아버지가 건물주이신데, 동네 사람들 이야기를 들어보니 평생 주변 사람들을 힘들게 해서 자식들조차 잘 찾아오지 않는 듯했다.

그와는 도무지 소통이 어려워 그냥 세입자인 자기가 고치려 한다는 주인의 말을 들으며 다시 타샤 할머니가 떠올랐다. 선한 목적지가 있는 삶, 내가 어떤 사람이 되어야 하는지를 아는 그녀의 삶과 대비가 되었다. 많은 사람이 소망하는 건물주가 된다 한들 공허한 목적지에 불과할 수도 있고, 소유물은 있지만 인생은 폐허와 다름없을 수도 있다.

미국의 저명한 소설가 마크 트웨인은 이런 말을 남겼다.

"한 사람의 생에 가장 위대한 두 날은 태어난 날과, 왜 태어났는지를 깨닫는 날이다."

자신의 목적지의 윤곽을 또렷하게 조각하는 날이 오면, 작더라도 강하고, 조용하더라도 충만하게 될 것이다. '나'라는 이 한 번뿐인 경험도 언젠가는 끝을 맞이하겠지만, 흐지부지 사그라들기보다는 꿈꾸던 대로 다부지게 그날을 만나고 싶다.

타인의 지도 위에서
길을 잃지 말 것

나는 대단한 사람들과 나를 비교하면서 스스로를 지나치게 폄하하는 버릇이 있었다. 특히 글로벌 산업에서 일할 때는 사회적 지위가 높은 사람들을 만날 기회가 많았는데, 각자의 산업과 분야에서 괄목할 만한 성공을 거둔 사람들을 보며 나는 자꾸 작아지는 듯했다. 내가 아무리 노력해도 나는 그런 별에는 다다르기 어려울 것만 같았다. 같은 시간을 살았는데 나는 뭐 이런가, 내가 만들어내는 가치와 영향력은 왜 이리도 작은가…. 벼는 익을수록 고개를 숙인다는데, 세상에 훌륭한 벼들이 너무 많아 익기도 전에 저절로 고개가 숙여졌다.

어느 때는 초콜릿, 바닐라, 딸기 아이스크림 같은 사람들이 훌륭해 보였다. 시대에 맞는 아이템과 성향을 가지고 있어 누구나 다 좋아하는 사람들 말이다. 소셜미디어가 발달하면서 그런 사람들은 인플루언서가 되고 영향력의 법칙에 따라 돈도 많이 번다. 나는 그런 쪽에서도 특출나지 못하다. 마치 민트 초코, 피스타치오 아몬드, 레몬 셔벗처럼 좋아하는 사람들이 더러 있기는 하지만 대중적으로 인기가 많지는 않은 아이스크림처럼, 나는 늘 조연으로만 살 것 같았다.

그러던 어느 날 국제 컨퍼런스에서 만난 분과 이야기를 나누다가 내 유튜브 채널에 올려놓은 인터뷰 영상 몇 개를 보여주었다. 그는 영상을 집중해서 보고는, 웃으며 놀라운 칭찬을 했다.

"미국에는 오프라 윈프리가 있고 한국에는 데비 리가 있군요."

세상에나 오프라 윈프리라니. 인터뷰계의 레전드인 그녀와 나를 견주다니! 당연히 농담이라고 생각한 나는 크게 웃으며 말했다.

"그런데 말이죠. 오프라 윈프리는 팔로워가 500만 명 이상일 텐데 저는 이제 구독자 500명을 넘었어요."

그랬더니 그는 사뭇 진지한 표정을 지으며 이렇게 말했다.

"데비의 가치를 알아볼 수 있는 현명한 눈을 가진 사람이 소수라는 거죠. 얼마나 소중한 사람들인가요. 그 소수를 사랑하세요."

그렇구나. 좋아해주는 사람들이 소수라도 있다니 얼마나 다행인가. 그렇다면 지금까지 해오던 것처럼 소수의 튼실한 기업들을 상대로 일하면 되고, 섬세한 취향을 가진 소수의 사람들과 인정 넘치는 따뜻한 세계를 만들면 된다. 그렇게 해도 자신의 세계에서 충만하게 살 수 있고, 자신의 작은 커뮤니티에 선한 영향력을 주는 사람이 될 수 있다. 세상이 세워놓은 성공의 기준에서 살짝만 빠져나오면 되는 것이었다.

글을 쓰면서 비교하며 위축되는 버릇은 점점 더 옅어졌다. 내가 쌓아온 스토리는 나의 지문과도 같다. 나와 똑같은 삶을 사는 사람은 아무도 없다. 그러니 애초에 이 세상에 내 인생과 비교할 대상 자체가 존재하지 않는 것이었다.

이제는 부러운 사람이 있으면 배우고 싶은 점이 있는 사람이라고 여긴다. 자신만의 세계를 일구어가는 사람들을 보면 찾아가서 대화를 나누고, 인터뷰 영상을 만들어 나중에 내가 다시 보기 위해 유튜브에 올리기도 한다. 그것들을 하나하나 모으다가 거기에 내 고유한 컬러를 입히면서 점점 내 진정한 모습을 찾아가고 있다.

세상은 정말 넓고, 인생의 양상은 다 알 수 없을 정도로 다양하다. 시야를 넓게 가지면 내 앞의 자잘한 문제들이 그다지 중요하지 않게 느껴진다. 높은 산에 올라가서 아래를 내려다보거나, 비행기에 타서 작은 점으로 사라져가는 집들을 볼 때 생기는 감정과 비슷하다. 우리가 목숨을 걸고 갖고 싶어하는 것들도 지구촌의 시야에서 보면 그냥 어느 나라의 작은 집이나 학교일 뿐이다. 일본 상인들은 긴자 명품 거리를 바라보며 그곳에 자기 자리 하나를 꾸겨 넣기를 바라겠지만, 필리핀에도 마까띠라는 호화로운 동네가 있고, 노르웨이에도 오슬로라는 부자 도시가 있다.

좁은 세계에 집중할수록 낙담하는 일이 많다. 중학교 시절, 외국어고등학교 입학에 실패했다는 이유로 스스로 하늘나라행을 택했던 친구를 떠올려보면, 세상에 얼마나 다양한 길이 있는지 알지 못하는 것이 인생의 큰 비극이라는 생각이 든다. 나는 국제사회로 나가 온갖 종류의 이야기를 들으며 나를 둘러싼 사회의 통념과 기준으로부터 상당한 자유를 얻었다. 나에게 충실히 집중하면서도 세상과 사람에 대한 시야를 넓히면 무한한 가능성이 열린다.

사회적인 성공에선 얼마나 많은 영향력을 끼쳐 돈과 명예를 얻었는지가 중요하겠지만, 성공적인 삶이란 오로지 내가 어떤 사람이 되어가느냐에 따라 만들어지는 나만의 아름다운 세계다. 다른 사람들의 인정이나 평가와는 무관하게 나 스스로 충만하고 행복감을 느끼는 상태인 것이다.

나의 일은 내게 의미 있고 가치 있으면 그뿐이다. 발레리나는 은행원을 부러워하지 않고, 반도체 설계자는 미술가를 부러워하지 않는다. 학자는 돈을 많이 번다고 해서 사업가를 질투하지 않으며 사업가는 명성이 높다고 해서 학자를 시기하지 않는다. 서로 각자의 세계 안에서 충만하므로. 세상은 경쟁사회라고 말하지만 꼭 그렇지만은 않다. 같은 제품을 만드는 회사라도 저마다 독특한 개성이 있고 전부 다르니까 말이다. 그냥 각자 자기 길을 만들어갈 뿐이다.

사촌이 땅을 사면 배가 아픈 사람은 평범한 사람이고, 축하해주는 사람은 성숙한 사람이며, 어떻게 땅을 샀을까 궁금해하며 연구하는 사람은 성장하는 사람이다. 타인이 만들어놓은 기준과 지도에 갇히는 것이 아니라 그 위에서 배우고 놀며 나의 것을 만들어가고자 한다. 나이가 들면서 전보다 편안해진 것은 '이게 나의 인생이구나' 하고 받아들이게 되었다는 점이다. 포기한 부분이나 아쉬움도 분명히 있을 것이다. 하지만 이제는 그렇게 다듬어진 나의 지도를 들고 나만의 항로에 만족하며 천천히 항해하고 있다.

 비교의 파도 속에서 흔들리다가, 결국 나만의 빛을 발견했다. 작고
보잘것없어 보이던 그 빛은 알고 보니 가장 넓고 깊은 바다로 가는
문이었다.

어릴 적 꿈이 알려준
내면의 방향키

　내게 어린 시절 꿈은, 새로운 것을 소망하다가 접고, 또 다른 것을 바라다가 접었던 기억의 연속이다. 아주 어릴 때는 피아노에 빠졌다. 초등학교 때까지 피아노를 배웠는데, 선생님이 나는 손가락이 짧아 피아노는 그냥 취미로만 해야 한다고 말하는 바람에 그 꿈은 유유히 사라졌다. (나중에 보니 손가락이 두 개 있는 피아니스트도 있었다. 그러니까 이건 순전히 변명이다!) 유치원 시절부터는 사람들 앞에서 노래를 부르거나 동화 구연을 하면서 발표를 하는 일이 잦았고, 글짓기 대회에도 단골처럼 나갔다. 중학생이 되고 영어를 배우면서는 영어로 무대에서 말하고, 글을 쓰기를 시작했다.

　고등학교에 가서는 글짓기 대회로 국어 선생님, 영어 말하기

대회로 영어 선생님, 피아노와 노래로 음악 선생님, 세 분이 번갈아 가면서 나를 불렀다. 그러나 정작 나는 대학에서 무엇을 전공해야 할지 잘 몰랐다. 나는 글을 쓰거나 말을 하는 사람일까? 아니면 음악을 해야 하는 사람일까? 도통 갈피를 잡지 못해 꿈도 명확하지 못했다. 그렇지만 내면 깊은 곳에서는, 성악을 더 제대로 공부하고 싶다는 마음이 자꾸만 고개를 들었다.

'영어로 노래하면서 국제적으로 공연을 다니고, 그 이야기로 책을 쓰는 사람이 되면 어떨까?'

하고 싶은 일들을 모두 합쳐 이런 생각이 들었다. 책 작품을 해설하며 공연하는 나의 모습을 상상해보기도 했다. 내가 좋아하는 것을 다 묶을 수 있는 시나리오가 나왔지만, 신기루 같은 꿈이었다. 그 당시 우리나라에는 세계적인 성악가가 한두 명밖에 없었고, 무엇보다 현실적으로 내 꿈을 뒷받침할 수 있는 경제적 여건이 되지 않았다.

중학교 때 가정 경제가 주저앉아 큰 빚을 지게 되면서 우리 가족은 하루아침에 작은 집으로 쫓겨났었는데, 그때는 매일매일이 살얼음판 같았다. 나에게 주어진 작은 재능들로 학교에서는 나름대로 인정받는 학생이었지만, 집에 오면 대학에 보낼 돈이 없다는 이야기만 오고 갔다. 그러니 내가 세계적으로 성공할 가능성이 희박한 건 둘째 치고, 비싼 수업료가 드는 음악을 전공한다는 것이 그야말로 허황된 일이었다. 내게 꿈을 이룰 재능이 있는지 없는지 말조차 꺼내보지 못하고, 제대로 한번 평가받아 보지도 못하고, 그렇게 어린 시절의 꿈은 막을 내렸다.

몇 년 전, 호주의 한 NGO 단체가 한국에 방문해 함께 식사하며 이야기를 나눈 적이 있었다. 그들은 내가 영어를 마치 모국어처럼 한다며, 평생 한국에 살았다는 사실을 믿을 수 없다고 했다. (사실 그 정도로 잘하지는 못한다.) 과한 칭찬에 나는 농담처럼 덧붙였다.

"재미있는 건 제가 프랑스어, 중국어, 일어도 학창시절에 조금씩 공부했거든요. 하지만 원활한 의사소통이 가능한 언어는 영어밖에 없어요. 그런데도 제가 프랑스어로 말하면 프랑스인들이 정말 프랑스 사람 같다고 하고, 중국어로 말하면 중국인들도 정말 중국 사람 같다고 하고, 일어도 그래요. 어떤 발음도 마치 그 나라 사람처럼 느껴지게 한다는 거죠."

그랬더니 그 단체의 수장이 나에게 이렇게 물어보았다.

"데비, 혹시 음악도 하나요? 노래 같은 거 말이에요."

"어떻게 아셨어요? 맞아요, 노래를 해요. 지금은 취미로 하지만 어릴 때는 진지하게 노래를 업으로 삼고 싶기도 했죠."

"그럴 것 같았어요. 그게 바로 데비의 재능인 거예요. 소리를 듣고 똑같이 따라할 수 있는 귀와 표현력이 있는 거죠."

세상에, 음악과 외국어가 같은 영역에 있는 재능일 수 있다니. 나에겐 깨달음과 위로의 순간이었다. 어릴 적 내 꿈이 내게 말을 걸어온 것 같았다. 전 세계를 다니며 노래를 하고 책을 쓰는 상상이 완전히 허무맹랑한 것은 아니었다고 말이다. 노래하며 다니지는 못했지만 비즈니스를 돕는 일로 전 세계를 누볐고, 영어로 강연을 하는 사람이 되었으며, 그 경험들로 책을 썼다. 결국은 나와 어울리는 일을 하며 살았고, 꿈은 이루어진 것이다.

세상에는 순도 100퍼센트 올리브오일처럼, 한 가지 일에 정통해서 전문가가 되거나 전설이 되는 사람들이 있다. 나에게는 그런 탁월한 한 가지 재능은 없지만 적당한 몇 가지 재능과 관심사가 있다. 어렸을 적 만난 어른들은 내게 허황되고 욕심이 많다고 했지만, 이제는 이런 사람들을 다능인multipotentialite이라는 신조어로 부르기도 하니 건강한 정체성이 생겼다. 하나의 완전한 재능이 없다면 20퍼센트, 30퍼센트, 50퍼센트의 재능들을 혼합해서 온전한 나를 만들어가면 되는 거였다. 어떤 것은 일, 어떤 것은 취미, 어떤 것은 봉사. 비율은 아직도 조정해가는 중이지만, 그 모든 것이 합쳐져 나라는 사람을 만든다는 것이 기쁘다.

어릴 때는 음악으로 사람들에게 감동을 주고 싶었는데, 지금은 내가 하는 일과 글로 잔잔한 감동과 추억을 남기는 사람이 되고 싶다. '무엇'은 다르지만 목적은 같다. 이제는 '어떤 일'이 꼭 중요하지는 않다. 내가 할 수 있는 일로 '감동과 행복한 추억을 주는 사람'이 되고 싶을 뿐이다. 어쩌면 나는 노래를 부르는 사람도, 글을 쓰는 사람도, 전 세계를 누비는 사람도 되고 싶었던 것이 아니라 그냥 하고 싶은 일을 하면서 행복하게 사는 '나'가 되고 싶었는지도 모른다. 어릴 적 꿈을 모두 저버렸다고 생각했지만, 내 꿈은 지금도 진행 중이다.

 잃어버리고 흩어져버렸다고 믿었던 내 꿈들은, 사실 모양을 바꾸어 지금도 조용히 나를 향해 항해하고 있었다.

내 안의 나침반이 향하는 곳은 어디인가

인생의 챕터마다
버킷리스트를 써야 한다

어릴 때 나는 "너는 왜 그렇게 하고 싶은 일이 많니?" 하며 꾸중을 듣는 일이 가끔 있었다. 그래서 나는 하고 싶은 일이 많으면 안 되는 건 줄 알고 살았다. 하고 싶은 일이 있어도 혼자서만 생각했고, 누구에게도 말하지 않았으며, 하고 싶은 것, 갖고 싶은 것이 있다는 사실에 이상한 죄책감을 느끼며 살았다. 그런데 알고 보니 하고 싶은 일이 많은 것은 잘못된 것이 아니었다.

회사를 설립할 때는 사업의 업종을 적게 되어 있다. 그런데 그게 하나만 적을 수 있는 게 아니다. 지금 하고 있는 업종부터 미래에 하고 싶은 업종까지 여러 개를 다 기입할 수 있어서, 전문가들은 앞으로 회사가 어떻게 확장되어갈지 모르니 최대한 많이 넣으라고 조언할 정도다. 대단한 비즈니스를 하는 사람들은 똑똑한 사람들을 고용해서라도 자기가 하고 싶은 수많은 것들을 모두 이루어내고 있었다. 한 번에 하나씩 집중해서 이루고, 다음 단계로 넘어가면 될 일이었다.

"내겐 무기력증에 빠진 아들이 있어요. 방에서 나오지도 않고, 누워만 있어요. 목표도 없고, 하고 싶은 일도 없대요."

잭 캔필드의 교육에 참가했을 때 자상한 아버지로 보이는 한 미국인이 내게 털어놓은 이야기였다. 그의 아들은 전문 치료도 받고 있었지만, 아빠인 자신이 도와줄 방법은 없을지 알고 싶어서 교육에 참가하게 되었다고 했다.

한참 하고 싶은 일이 많을 어린 나이에 어떻게 그런 증상을 겪고 있는지, 아들과 아버지 모두에게 안타까운 마음이 들었다. (물론 아버지의 정성과 열정에 힘입어 아들이 회복했으리라 믿어 의심치 않는다!) 행복의 반대말은 불행이 아니라 무기력이라는 말을 실감했다. 어쩌면 우리가 아침에 이불을 박차고 일어나 무언가 하고 싶다는 생각이 드는 것 자체가 행복이다. 하고 싶은 일이 꼭 어떤 직업이나 대단한 일이 아니어도 그렇다. 먹고 싶은 음식, 만나고 싶은 사람, 가보고 싶은 핫플만 있어도 얼마나 다행인가. 그것이 무엇이든 하고 싶은 일이 있어야 에너지가 솟고 활기가 생긴다. 하고 싶은 일이 없으면 무기력이 우리를 잠식한다.

게다가 이제는 수명도 늘어나서 버킷리스트를 더 늘려도 모자랄 지경이다. 잭 캔필드 교육 중에는 버킷리스트 101가지를 적는 숙제가 있었는데, 하고 싶은 일이 그렇게 많이는 떠오르지 않아서 끙끙댔었다. 나도 모르게 이걸 할 수 있을지 없을지 머릿속에서 미리 계산하고 있었기 때문이다. 다시 어린아이처럼 모든 생각의 제어 장치를 풀고, 하고 싶은 일들을 다 적어보기로 했다.

해야 하는 일이 빼곡하면 스트레스가 쌓이고 머리가 아프지만, 하고 싶은 일을 빼곡하게 적어놓으면 다른 현상이 일어난다. 왠지 남은 인생이 두렵지 않고 든든해지는 것이다. 사업자 등록증에 업종을 쓰는 것도 일종의 공식적인 버킷리스트가 되겠지만, 꼭 돈을 버는 일이 아니더라도 하고 싶은 일이 많으면 이미 부자인 것처럼 느껴진다. 내 삶에 앞으로도 신나는 일이 가득할 것 같기 때문이다.

한 번밖에 없는 인생에 경험할 수 있는 것은 최대한 다 해보고 싶다. 계속 적다 보니 내 버킷리스트는 리스트라기보단 버킷북에 가까워졌다. 옆에 그림도 그려두고, 계획이나 비전에 수정 사항이 생기면 꼼꼼히 적어두기도 한다. 과연 이루어질까, 내가 할 수 있을까 싶은 꿈도 많지만, 시간이 흘러서 다시 보면 놀라운 방법으로 성취된 것들도 있어서 리스트에 체크 표시를 하는 재미가 쏠쏠하다.

영국에 교환학생으로 갔다가 스페인 여행을 간 딸이 바르셀로나에서 사진 한 장을 보내왔다.

"우리가 도착한 날이 '세계 책의 날'(4월 23일)이라며 호텔에서 저랑 친구들 모두에게 장미 한 송이씩을 선물로 줬어요!"

기분 좋은 목소리가 들리는 듯했다. 나는 책을 사랑하는 사람인데도 '세계 책의 날'은 잘 알지 못했다. 검색해보니 책을 사는 사람에게 꽃을 선물하는 전통이 있는 스페인 카탈루냐 지방의 축제일인 세인트 조지의 날과 1616년 세르반테스와 셰익스피어가 동시에 사망한 날이 모두 4월 23일인 것을 기념하여 유네스코 총회에서 정한 날이었다. 책과 꽃을 함께 선물하는 날이라니! 내게는 발렌타인데이보다 더 낭만적으로 보였다. 깜짝 선물을 받고 행복해하는 딸과 친구들을 떠올리니 나도 하루 종일 미소가 맴돌았다.

딸도 이제 자신의 버킷리스트를 하나씩 이루어가는 중이다. 열심히 학점을 관리해서 다른 나라에서 공부하는 기회를 얻고, 혼자 힘으로 계획해 생소한 나라에 여행을 떠나고…. 이전에 해보지 못했던 새로운 경험의 순간은 언제나 성취감과 설렘으로 빛난다. 이제 시작하는 인생의 챕터에 하고 싶은 일이 가득 담겨 있기를 바란다. 그리고 나도 그 사진에서 힌트를 얻어 버킷리스트를 또 하나 추가한다.

'책의 날에 누군가에게 책과 꽃을 깜짝 선물해보기'

버킷리스트에 꼭 거창한 꿈만 적을 필요는 없다. 주변에 기쁨이 번져가게 하고, 나를 잔잔히 미소 짓게 하는 일을 적기만 해도 마음이 뿌듯해진다.

인생은 단선적이지 않고, 새롭게 젖혀질 커튼이 얼마든지 기다리고 있다. 버킷리스트는 한 번에 완성되지 않고 계속 진행 중이다. 한 개의 꿈이 이루어지고 나면 언제 그걸 그렇게 갈망했냐는 듯이 과거가 되고, 다음 하고 싶은 일이 떠오른다. 하고 싶은 일로 꽉 찬 버킷리스트는 삶을 두둑하게 만들어주고 오늘도 하루를 활기차게 뛰어다니게 할 연료가 되어준다.

 삶을 풍요롭게 만드는 것은 한 번의 거대한 성공이 아니라 가슴을 뛰게 하는 여러 가지 일들을 향한 끝없는 설렘이다.

목적이 이끄는
사람들

새벽 5시 반, 아직 아침 해가 완전히 뜨기 전에 눈을 떴다. 시드니에 있는 친구 집에서였다. 나는 일주일간 그 친구의 집에 머물고 있었는데, 그가 꼭 같이 하고 싶은 일이 있다며 내가 도착하기도 전에 티켓팅을 해놓은 모임이 있어, 그곳에 참석하기 위해서 그렇게 일찍 일어난 것이었다. 도시 한가운데 있는 식물원에 모여 함께 산책하며 이야기를 나누는 Networking in Nature(자연에서 네트워킹하기)이라는 모임이었다.

6월의 호주는 꽤 쌀쌀해서 옷을 여러 겹 껴입고 함께 버스를 타고 약속 장소로 향했다. 마치 예술 작품 같은 풍경에 간단한 아침 식사를 차려놓은 테이블이 있었고, 그 주위로 처음 보는 사람들이 열 명쯤 모여 있었다. 이른 아침이라 대부분 부스스한

내 안의 나침반이 향하는 곳은 어디인가

모습이었지만 아름다운 정원과 하늘 덕분인지 그 모습조차 빛나 보였다. 모임을 주관하는 마이클이 시작을 알렸다.

"이른 아침 모여주셔서 감사합니다. 먼저 돌아가면서 자기소개를 할 텐데요. 물론 지금 자신이 하고 있는 일도 말씀하시겠지만, 자신은 어떤 목적을 갖고 삶을 살아가고 있는지에 대해서 꼭 이야기해주세요."

이런 자기 소개 세션은 흔치 않다. 늘 목적이 있는 삶을 살고 있다고 생각했지만, 갑자기 이렇게 본격적으로 질문을 받으니 '나는 뭐라고 이야기해야 할까' 머릿속이 다급해졌다. 한 사람 한 사람 소개를 들어보니 참으로 다양한 나라에서 다양한 직업을 가진 사람들이 모였다. 프랑스에서 온 뇌과학자, 브라질에서 온 환경 단체 디렉터, 모로코에서 온 리더십 교육가, 호주의 주부, 사회적기업 CEO, 라디오 기획자, 동물원 직원… 그리고 나, 한국에서 온 소상공인이자 무명작가가 있었다.

하는 일과 태어난 나라는 전부 다르지만 모두 어떠한 목적을 가지고 인생을 살아가고 있는 사람들이었다. 이를테면 그곳에서 만난 뇌과학자의 목적은 사람들이 자신이 누구인지를 깨닫고 자신에게 알맞은 삶의 진로를 설계하는 데 도움을 주는 것이었다. 동물원에서 근무하는 직원은 동물 보호를 위해 기금을 모으며 사람과 동물의 교감을 돕고자 했다.

이 특별한 자기 소개가 끝나고 우리는 정원으로 함께 걸어 들어갔다. 그리고 거기서 초청 강연자, 카일리의 이야기를 들었다. 그녀는 지금은 사회적 기업의 CEO이자 엄마지만, 무작정 돈을 벌겠다는 목표만 가지고 아이를 떼어놓고 직장에 다니던 시절이 있었다고 했다. 매일 지하철을 타고 출퇴근하며 아이를 키우는 사투를 벌이다, 그녀는 용감한 결정을 내리게 된다. 내가 왜 이렇게 살아가고 있는지 이유를 알기 위해 직장을 그만두고 대학원에 진학한 것이다. 비즈니스를 공부하던 그녀는 '사회적 기업'이라는 새로운 영역을 알게 되었는데, 이것이야말로 내가 해야 할 일이라는 생각이 강하게 들었다고 했다. 이후 그녀의 삶은 완전히 바뀌어, 우리 앞에서 강연을 하고 있는 것이었다.

강연 후에는 그녀가 던져준 질문을 가지고 두 명씩 짝지어 산책하며 대화하는 시간이 이어졌다. 처음 만난 사람들이었지만, 아침의 맑은 공기와 오페라 하우스가 보이는 아름다운 정원 속에서 우리는 깊은 이야기를 나누었다. 각자 목적을 찾기 위해 헤매던 시간도 있었고, 목적을 추구하며 사는 삶에 어려움도 있었지만, 누구보다 생생하게 삶을 살고 있었다. 모두들 세상에 더 많은 영감을 나눠주고 싶어했으며, 우리는 서로의 목적을 진심으로 응원했다.

긍정심리학을 창시한 마틴 셀리그만 Martin Seligman 교수는 삶의 '목적'을 이렇게 정의하고 있다. "자신의 강점들을 사용해서 다른 사람에게 가치 있는 무언가를 제공하는 것." 그러니까 내가 무엇을 잘하는 사람인지 파악해서 갈고 닦아, 그것이 필요한 타인에게 공급하는 것이 삶의 목적이라는 것이다. 한편 미국 작가 하워드 서먼 Howard Therman은 "세상이 무엇을 필요로 하는지 묻지 마라. 당신을 생생하게 깨어나게 하는 것이 무엇인지를 물어보라. 그리고 가서 그 일을 하라. 왜냐하면 세상은 바로 그런 사람을 원하기 때문이다"라며 타인보다는 나에게 집중한 목적을 말하기도 했다. 잭 캔필드는 목적을 '내가 꿈꾸는 이상적인 세계'라고 표현했고, 미국의 저명한 자기계발 작가 사이먼 시넥 Simon Sinek은 모든 비즈니스와 일의 중심에 있는 'why'가 목적이라고 했다. 정의는 조금씩 달라도, 삶의 목적이 중요하다는 데에는 모두 이견이 없다.

한 가지, 또는 여러 가지 삶의 목적을 발견하고 그것에 따라 살아갈 때 우리는 행복을 넘어 의미를 느끼는 인생을 누리게 된다. 가령, 내가 산 주식의 가격이 오르면 행복하지만, 떨어지면 기분이 나빠진다. 심지어 주식을 산 적도 없는데 지수가 고공행진하면 박탈감에 시달리기도 한다. 그러니 행복은 파도처럼 왔

2장. 목적지

다가 가고, 오르락내리락하는 셈이다. 그러나 목적이 있다면 나의 배는 그런 물살에도 덜 요동치게 된다. 내가 주식 투자의 목적을 분명히 정한다면 — 가족들에게 짐이 되지 않게 노후를 준비하기, 새로운 도전을 위한 자금 모으기 등 — 그것이 나에게 훨씬 더 의미 있는 일이 되듯이 말이다.

인상 깊었던 시드니에서의 정원 산책 이후, 나는 내가 살아가는 목적을 다시 적어보았다. 내가 돈을 버는 이유, 몸을 아끼지 않고 열심히 사는 이유…. 양파처럼 한 단계 한 단계 더 깊이 들어가다 보니 7단계쯤 되었을 때 내가 진정으로 추구하는 근원적인 목적에 도달했다. 목적을 명확히 세우고 나니 세상의 온갖 상처와 질병, 상실감과 걱정이 나를 괴롭힌다 할지라도 건강한 웃음을 가지고 살아갈 수 있게 되었다. 나의 목적대로 열심히 일하고, 타인을 진심으로 대하는 하루하루는 내게 무엇보다 가치 있고 재미있다.

 목적은 바람도 별빛도 사라진 밤에 배를 이끄는 유일한 등대가 된다. 자신만의 목적이 있는 배는, 흔들릴지언정 길을 잃지는 않는다.

내 안의 나침반이 향하는 곳은 어디인가

충분함의 지점을
찾아서

내게는 여러 멘토들과 영감을 주는 친구들이 있지만, 그중에서도 인생 후반전에 대해서는 캐런 샌더 Karen Sander 에게 특히 많은 조언을 얻는다. 내게 마치 큰언니와도 같은 그녀는 《두려움 없이 나이 들기 Ageing Fearlessly》라는 책을 썼으며 인생 2막을 시작하는 사람들을 격려하고 응원하는 일을 계속 이어가고 있다. 캐런은 제약회사 출신인데, 그래서인지 그녀의 후반전 이야기에는 신체적인 건강과 정신적인 건강의 균형이 매우 잘 잡혀 있다.

그녀의 삶은 '두려움 없이 나이 드는 것'의 살아 있는 증거와도 같아, 일흔에 가까운 나이지만 내가 보기에 그녀는 주름이 조금 있는 대학생처럼 보인다. 경쾌한 색상의 옷차림과 헤어스타일도 한몫을 하겠지만, 그보다는 그녀가 도전을 멈추지 않고 살고 있기 때문이다. 매일 바다 수영을 5킬로미터씩 하고, 세계의 숨겨진 자연 지역을 방문하며 기금을 모아 사람들을 돕기도 한다. 'Story Room Global'이라는 스토리 강연 플랫폼을 만들어 호주에서 매달 행사를 개최하고, 사람들을 인터뷰하며 깊이 있는 커뮤니티를 만들어가는 일도 하고 있다. 게다가 지구 반대편에 있는 나에게까지 늘 안부를 물으며 살뜰히 챙겨주니 얼마나 큰 에너지를 품은 사람인가. 그러나 사실 그녀가 언제나 이렇게 힘차게 살았던 것은 아니었다.

"나는 어릴 때 늘 더 잘해야 한다는 압박감 속에서 자랐어. 부모님이 늘 성공을 향해 나를 몰아치시는 것처럼 느꼈는데, 지금 생각해보면 격려해주시려고 했던 말씀이 그때는 비판으로만 들렸던 것 같아. 실패를 무척 두려워했고, 스스로를 몰아세우며 오랜 시간을 보냈지. 그 끊임없는 압박감이 결국 불안장애라는 병으로까지 이어졌어. 나에게서 기쁨을 빼앗는 도둑 같았지."

"지금의 캐런을 보면 믿어지지가 않아요. 그런데 어떻게 지금처럼 밝고 건강하게 살게 된 거예요?"

"최고의 정신과의사를 만났어. 내 모든 생각과 행동을 하나하나씩 고쳐 나갔지."

힘들었던 과거를 딛고 불안장애를 극복한 그녀는 지금도 더

내 안의 나침반이 향하는 곳은 어디인가

잘하려고 노력하는 것 같다. 커뮤니티 플랫폼을 더 국제적으로 만들기 위해 다시 브랜딩을 하고, 더 좋은 아이디어가 없는지 사람들에게 자문을 구하며 새로운 기획을 한다. 하지만 이제는 그 행동의 이유가 불안이 아니라 즐거움이라는 것이 선명하게 보인다.

자기 자신에 대한 불만족은 전 세계에 널리 퍼져 있는 정서 같다. 단적인 예로, 서울 거리의 수많은 성형외과를 보면 자신의 외모에 만족하지 못하는 사람들이 많다는 것을 한눈에 알 수 있다. 외국에서도 '성형 관광'을 올 정도라고 하니 자기 얼굴을 더 예쁘고 잘생기게 만들고 싶은 욕망은 보편적인 심리인 듯하다. 내 눈엔 세상에서 제일 예뻐 보이는 내 딸도 자기 얼굴에 아쉬운 부분이 있다고 슬그머니 이야기해서 나를 화들짝 놀래키기도 했다. 더 나아지고 싶은 마음, 더 잘하고 싶은 마음, 더 갖고 싶은 마음은 전 세계 남녀노소, 우리 모두를 온통 지배하고 있다.

나도 오랜 시간 나를 다그치며 살았다. 내 자신이 늘 성에 차지 않았고, 한심하게 느껴질 때도 많았다. 목표는 높은데 그만큼 능력이 닿지 않아, 좌절하기도 했다. 늘 무언가 부족했고, 도무지 나라는 존재가 완전하다고 여겨지지가 않았다.

그러다가 어느 날, 이렇게 살다가는 평생 허덕이는 느낌에 시달리겠다는 생각이 들었다. 그래서 내가 이상적으로 생각하는 '완벽함'만 그릴 것이 아니라 '충분함'의 지점을 정해보자고 마음먹었다. '이 정도면 괜찮다'라는 생각이 들 충분함의 지점에 이르면 내 자신에게 만족할 수 있고, 그 이상으로 나에게 오는 것은 보너스처럼 느껴져 좀 더 관대하게 타인과 나눌 수 있는 의미 있는 잉여자원이 될 것이었다. 그래서 나는 내가 충분하다고 느끼는 재정의 상태, 내가 만족스럽다고 느낄 나의 모습과 주변의 환경 상태를 어느 정도 설정해두었다. '더 높이, 더 많이'만 외치고 살면 만족감은 우리에게 영원히 오지 못할 테니 말이다.

적당히 타협하고 안주하자는 것은 아니다. 나를 계속 들볶고 다그치며 뛰는 대신 즐겁게 뛰는 방법을 익히는 것에 가깝다. 인류는 한계를 모르고 발전해왔고, 나도 그렇게 끝없이 성장하고자 큰 꿈을 열어둔다. 그러나 작은 것에 행복해하는 나를 잃고 싶지 않다. 한계효용 체감의 법칙이 발견했듯이 인간은 아무리 좋은 것이 주어져도 끝없이 더 큰 것을 바라기 마련인데, '충분함'의 기준을 뚜렷하게 세우면 자기 자신에 만족하면서도 계속 성장해 나갈 수 있다.

미국의 저명한 심리 전문가 브레네 브라운_{Brene Brown} 박사는

내 안의 나침반이 향하는 곳은 어디인가

말했다.

"인생의 어느 시점에서는, 그냥 내 자신이 충분하다고 말할 필요가 있어요."

이제 나는 그렇게 말하려 한다. 나는 충분하다. 나의 꿈은 높지만, 나는 지금 내 모습과 환경에도 충분히 만족하고, 나눌 수 있는 자원도 풍부하다. 최종 목적지는 아직도 아주 멀기에 멈추지 않고 일하고 있지만, 나는 그것을 이루기에 필요한 모든 요소를 충분히 가진 사람이라는 사실을 믿고, 타인과 나누며 살아갈 수 있는 삶이 감사하다고 여기니, 편안함이 찾아온다. 편안한 사람이 되는 것은 나의 주요 목적지 중 하나이니, 나는 지금 잘 가고 있는 것이다.

 완벽을 내려놓고 '충분함'을 선택하는 순간 마음의 풍랑이 잦아들고, 깊고 잔잔한 힘이 우리 안에 자리 잡는다. 그 고요하고도 강한 힘으로 계속 나아간다.

주어진 삶과
내가 만드는 삶 사이에서

미국의 정신 분석가 노먼 도이지Norman Doidge 교수의 《스스로 치유하는 뇌》를 읽다가 한 문장에서 멈춰 섰다.

"궁핍한 환경의 사람은 자신의 경력을 스스로 택할 수는 없다."

17세에 은행 사환으로 일을 시작한 페퍼 씨의 이야기였다. 맞다. 궁핍한 환경의 사람은 자신의 경력을 선택하기 어렵다. 대개 생활 전선에 바로 뛰어들어야만 하기에 하고 싶은 일보다는 당장 할 수 있는 일부터 닥치는 대로 하게 된다. 페퍼 씨는 그 이후로도 일중독에 걸린 듯이 열심히 일해 큰 성공을 거두었지만, 몸을 돌보지 않은 탓에 파킨슨병을 앓게 되었다고 한다.

《작은 아씨들》의 작가 루이자 메이 올컷의 아버지는 유토피아적 사상에 젖어 생계는 책임지지 않았다고 알려져 있다. 생계를 위해 몸도 돌보지 않고 불살랐던 페퍼 씨와 가족은 뒷전이고 이상만을 좇았던 루이자의 아버지, 이 극단적인 두 사람 중에서 고르라고 하면 나는 차라리 페퍼 씨 편을 들어주겠다. 각각 처한 상황이 다르기 때문에 무엇이 옳다고 말하기는 어렵지만 나는 자신과 가족의 생계를 책임지는 일은 무엇보다 숭고한 임무라고 생각한다. 이 부분을 일차적으로 해결하지 못하면 독립적으로 제대로 설 수 없고, 누군가에게 도움을 주기는커녕 누군가의 도움을 받으며 살아야 하기 때문이다. 금융과 신용의 세계는 냉철하고 절대 사정을 봐주지 않는다는 사실을, 어린 시절 가정 경제가 무너지며 나는 생생히 경험했다.

나 역시 환경이 궁핍해 어릴 적 꿈과는 상관없는 경력을 선택해야만 하는 경우에 속했다. 돌아보면 그만 한 의지나 재능이 없던 것 같기도 하고, 환경이 내 인생의 방향을 강제로 틀어버린 것 같기도 하다. 아무튼 나도 여느 어른과 다름없이 현실에 맞춰 평범한 직장인이 되어 한평생을 보냈다.

그런데 그렇게 살다 보니 '평범한 직장인', '평범한 회사원'이라는 관용구가 뭔가 잘못되었다는 생각이 들었다. 우리는 각자의 지문만큼이나 모두 다 다르고, 개성이 있으며, 사회 안에서 자신의 역할을 다하겠다는 막중한 책임감으로 열심히 일하고 있는 개개인인데, 왜 '평범한'이라는 납작한 형용사 안에 우리의 인생을 가두어야 하는지, 의문이 들었다.

평범하지 않은 것은 무엇일까. 유명해지거나 부자가 되어야 특별한 사람인가. 그렇게 다른 사람의 주목을 받지 않더라도 나 자신에게만은 독특하고 특별한 삶을 만들어가면 되지 않을까. 나다운 일, 나다운 성품, 나다운 삶의 방식, 나다운 철학과 유산은 무엇이고 또 그런 나와 함께 인생을 살아갈 사람들은 어떤 사람들인지 그 평범한 직장인 시절에도 꾸준히 알아갔다. 영감을 주는 책이 있으면 저자에게 연락해서 바다 건너라도 찾아가 배우고, 그 과정에서 느끼는 것들을 나도 여러 권의 책으로 썼다. 아이들을 키우면서도 나만의 육아 철학을 세워보고, 해외와 국내로 출장을 다닐 때도 그곳에서 본 세상과 만난 사람들에게서 내가 간직하고 싶은 부분들을 모아 내 안에 차곡차곡 채웠다.

단지 생존하기 위해 절박하게 돈을 벌어야만 하는 상황은 누구에게나 있고 나도 마찬가지였지만, 어느 시점에는 그것에서 벗어나 진정으로 충만한 삶에 도달해보고 싶었다. 세상은 돈을 벌게 해준다는 책과 강의가 늘 인기를 끌고, 누가 얼마의 자산을 벌었다더라, 얼마를 가졌다더라 하는 일에 가장 관심을 쏟는 것 같지만 인생 전체를 그렇게만 살 수는 없는 노릇이다. 물려받은 것은 없지만 물려줄 것은 있는 엄마가 되고 싶다는 마음이 간절하다. 물론 나처럼 가난에 쫓겨 급하게 경제활동을 시작하지 않도록 여유로운 환경을 아이들에게 주고 싶기도 하지만, 내가 물려주고 싶은 것은 그보다 더 본질적인 것이다. 책임 있게 살면서도 '나다움'을 포기하지 않는 어른의 길을 아이들에게 보여주고 싶다.

자기가 하고 싶은 일이 소득으로 이어지는 것은 소수 사람들에게만 허락된 기적 같은 일이라고 나는 생각했다. 그런데 꼭 남들보다 위에 서지는 않더라도, 세상을 이겨낼 만큼의 의지를 가지고 자신이 원하는 삶을 이루어내는 사람들도 있다는 사실이 나를 경외감에 차게 만든다. 사회생활을 막 시작했을 때는 능력 있는 사람이 최고인 줄 알았다. 나이가 들어서 보니 의지와 신념이 있는 사람들은 자기다운 일을 하면서 자신과 가족을 먹여 살리는 일까지도 해낸다. 대단한 능력을 갖추지 않았을지라도, 마치 온 우주가 그들을 도와주는 것처럼 기회가 생기고 문이 열린다.

그렇지만 현실에 발을 굳게 딛고 있으면서도 나의 정통성과 정체성을 담은 길을 구축한다는 것이 결코 쉬운 일은 아니다. 적어도 나에게는 그랬다. 이른 나이부터 자신만의 길을 찾고 나답게 살아가는 용기 넘치는 사람들도 많은 세상이지만, 용기를 내기 위해 서서히 준비해야 하는 사람들도 많다. 나는 확실히 후자에 속한다.

그런데 나만 그런 것이 아니었다. 세계 곳곳에 문화와 환경이 달라도 같은 고민을 하는 사람들, 경제적 토대를 만든 다음 늦게나마 자기 자신을 찾는 여정을 시작하는 사람들이 많다. 사회가 요구하는 규칙과 내가 추구하는 가치, 생계를 유지하기 위해 해야 하는 일과 내가 원하는 일 사이에서 우리는 계속 방황하며 살아간다. 우리는 우리 자신이 되어가는 길목 위에 서 있다. 멈추지 않기를 바란다.

 누구나 생계와 자아의 경계에서 흔들리며 자기 자신이 되어간다. 혼란의 파도 속에서도 '나다움'을 포기하지 않으면 결국엔 목적지에 도달할 것이다.

내 안의 나침반이 향하는 곳은 어디인가

내 인생에
이름을 붙여주자

스타트업들의 해외 시장 진출과 기업의 글로벌 확장을 위해 컨설팅하던 시절에 만난 여러 나라의 회사들, 그리고 현재 내가 운영하는 공유오피스를 통해서 만나고 있는 회사들은 전부 자신만의 회사 이름, 브랜드 이름을 가지고 있다. 나는 늘 그 이름에 어떤 뜻이 담겨 있는지 질문하며 미팅을 시작하곤 한다. 그 안에는 창업자의 생각, 강렬한 추억, 가치, 철학, 어릴 적 이야기, 취향, 이 비즈니스를 통해 펼치고자 하는 이상 등이 다 들어 있다. 즉, 한 사람의 거대한 꿈이 담겨 있는 것이다. 세상이 뭐라고 평가하든 그 한 사람에게는 결코 작지 않은 세계다.

많은 창업자에게 자극과 배움을 얻었지만, 내 인생의 구조를 짜는 데에 가장 실질적인 영감을 준 것은 요언 크리스찬 헴펠 Jørgen Christian Hempel 이다. 그는 예전에 내가 근무했던 글로벌 기업의 창업자인데, 1894년생이시니 직접 만나지는 못했지만, 그의 가치관은 그의 회사에 그대로 남아서 내게 큰 영향을 주었다.

헴펠의 회사는 1915년에 선박용 페인트 회사로 시작해 100년도 훨씬 넘은 역사를 가졌다. 지금도 산업용 페인트 분야에서 믿을 만한 회사로 대단한 지속성을 보여주고 있을 뿐 아니라, 헴펠 재단 Hempel Foundation 을 운영하며 세계 곳곳 도움이 필요한 오지에 어린이들을 위한 학교를 지어주고 있다. 제2 차 세계대전 직후 이 재단을 만들었으니 재단 또한 역사가 오래되었다. 지원하는 직원들은 이 학교들에 방문할 수 있는데, 다녀오는 직원들마다 자신이 하고 있는 일에 대해 새로운 의미를 발견하고, 감동하며, 동기부여를 받고는 했다. 헴펠은 뛰어난 코팅 기술과 페인트 제품이라는 확실한 가치 창출의 수단을 가지고 자신의 이름을 딴 회사를 만들어 세계적으로 키웠을 뿐 아니라, 자신이 사회에 어떻게 기여하고 싶은지도 확실히 알았기에 이런 회사의 구조를 만들 수 있었으리라 생각한다. 본사 사무실마저 아름답고 친환경적으로 건축되어서 직원들의 만족도가 높았다. 회사를 선택할 때 이 모든 요소가 나의 마음을 사로잡았고, 실제로 일하면서 나도 나중에 작게라도 이런 구조를 만들고 싶다고 생각했다.

　나에겐 이렇게나 큰 인상을 남긴 곳이지만, 일반적인 기준에 선 달리 평가될 수도 있다. 전 세계적으로 수만 명의 직원을 고용하는 분명히 큰 규모의 회사이지만, 글로벌 산업 안에서 시장 점유율이 그리 높지는 않기 때문이다. 게다가 B2B(기업을 고객으로 하는 비즈니스) 회사이기 때문에 광고도 없고 뉴스에 등장하지도 않으며 일반 사람들은 전혀 알지 못하는 회사다. 그러나 그런 것과 상관없이 100년을 넘게 생존했으며, 글로벌 나눔을 묵묵히 계속해오고 있다. 누가 알아주든 알아주지 않든, 자신의 자리에서 자신의 이름으로 사회에 가치를 창출하면서 세상에 긍정적인 변화를 꾸준히 만들어내고 있다는 사실이 중요하다. 그 변화가 크든 작든 그렇게 삶을 살다 갈 수 있다면 충분히 가슴 벅찬 인생이지 않을까.

　헴펠의 비전은 여기서 멈추지 않았다. 그는 유리공예를 사랑하는 사람이었다고 하는데, 한적한 외곽에 헴펠 유리공예 박물관을 지어서 사람들에게 예술을 향유할 기회를 제공했고, 권위 있는 유리공예 상도 제정해 지속적으로 예술가들을 지원하도록 했다. 그는 기술자이면서 연구가, 사업가이면서 박애주의자, 교육자면서 예술가였다. 이렇게 줄줄이 늘어놓으면 대체 이 사람의 정체성은 무엇인가, 복잡해 보이지만 그는 하나의 법적인 이름 안에서 이 모든 것을 조화롭게 이루어놓았다. 회사는 1915년에 창립해서 궤도에 올려놓은 다음, 재단은 1948년에 설립했고, 유리공예박물관은 1945년에 부지를 매입해놓고 1960년대 초반부터 서서히 준비해 완공했다. 전 생애에 걸쳐서 자신의 꿈을 차례차례 이루고 후대에 남긴 것이다.

상업과 예술, 그리고 자선. 이 멋진 삼각 구조는 내 안에 있는 소망들도 충분히 성취할 수 있다는 것을 알려주었다. 어릴 적 난 하고 싶은 일이 왜 이리 많냐고, 하나에 제대로 집중하라고 핀잔을 들었지만, 모든 것을 이룰 수 있는 구조를 짜고 하나씩 완성해가면 되는 것이었다.

그래서 나 또한 그런 이름과 구조를 만들며 여기까지 왔다. 마음에 즐거운 힘이 되어준다는 뜻의 '하트닝'이라는 이름으로 강의를 하고 유튜브를 만들기도 했으며, 세상의 모든 안식처, 세상의 모든 항구라는 뜻의 '헤이븐카인드'라는 회사를 세웠다. 그리고 그 안에 항구가 보내는 기쁨의 소식, 안식처가 보내는 평화라는 뜻을 입힌 '헤이븐센트'라는 브랜드도 만들었다. 나의 가치를 전하는 이름으로 나의 길이 만들어지고 있다.

아직 나만의 비즈니스를 만들 만한 자본과 지식이 없다고 생각했을 때도 나는 놀이처럼 회사 이름이나 브랜드 이름, 책이나 강연 제목들을 지어보곤 했다. 자신의 인생에 이름을 붙여주자. 브랜드도 만들어보고, 나의 인생 이야기에 책처럼 제목을 붙여주자. 인생의 새로운 챕터마다 이를 소개하는 멋진 카피도 써보자. 언젠가 나만의 길이 생겨날 것이다.

배는 다 건조가 되면 성대한 명명식을 한다. 레드카펫도 깔고 선박 제조사와 선주사가 모여 그 배에 이름을 공식적으로 부여한다. 옛날 바이킹들이 배를 진수할 때처럼 도끼로 줄을 끊어 천을 내리면, 가려놓았던 이름이 모두에게 공개되고 팡파르가 울리며 모두가 배의 앞날을 축복한다. 내가 선택하는 삶에도 축제처럼 이름을 부여해줄 날을 기다린다.

인생의 꿈은 전 생애를 두고 천천히 조화롭게 완성할 수 있다. 내 인생 이야기에 제목을 붙여주면, 그것이 내 꿈의 뼈대가 되어준다.

나는 어떤 이야기를
남길 것인가

어린 시절 나에게 가장 큰 영향을 주었던 책은 루시 몽고메리의 《빨강머리 앤》이다. 내 딸을 보면 해리포터가 그녀의 어린 시절을 지배한 듯한데, 나에게는 어쩌면 빨강머리 앤이 그랬던 것 같다. 어찌나 좋아했는지, 성인이 된 후 루시 몽고메리가 작고한 토론토에 갔다가 빨강머리 앤의 고향에 온 것처럼 그 장소에 빠져들었다. 현지 사람들과 마치 같이 아는 친구 이야기를 하듯이 즐겁게 앤 이야기를 나누었는데, 책의 생명력이 얼마나 대단한지 다시 느끼는 시간이었다.

돌아보면, 나는 자신의 처지와 상황을 비관하지 않고 오히려 그것을 극단의 긍정성으로 극복하는 주인공들을 늘 좋아했다. 아스트리드 린드그렌Astrid Lindgren의 힘세고 자신만만한 《말괄량이 삐삐》는 보고만 있어도 마치 그녀의 머리카락처럼 내 입꼬리도 같이 솟아올랐다. 뮤지컬과 영화로도 유명한 해롤드 그레이Harold Gray의 《작은 고아 소녀 애니Little Orphan Annie》 그리고 《안네의 일기》도 무척 좋아했다. 암스테르담에 있는 안네의 집에 갔을 때는 구석구석 그 일기의 문장들이 떠올라 펑펑 운 기억도 있다.

고등학교 시절에는 하시다 스가코はしだすがこ의 《오싱》에 빠져들었다. 그 당시 나는 아무에게도 도움을 받을 수 없었고, 집안 사정은 극도로 어려워져 소용돌이 같은 시기를 지나고 있었는데, 기구하기 그지없는 오싱이라는 한 여자의 일대기를 통해 그 어두운 시기에 위로를 받기도 하고, 마음을 다잡기도 했다. 동화책도, 위인전도, 소설과 에세이, 자기계발서도, 모두 역경을 극복한 스토리를 좋아했는데, 그들 덕분에 현실 속 내 역경들을 버텨낼 수 있었다.

어른이 되고 나서는 내 마음을 움직인 작가들을 실제로 찾아간 적이 몇 번 있다. 첫 번째는 《드림 소사이어티》(《미래경영의 지배자들》이라는 제목으로 2017년에 개정되었다.)라는 전 세계적 베스트셀러를 쓴 덴마크의 미래학자 롤프 옌센Rolf Jensen이었다. 이제는 정보를 파는 시대가 아니라 이야기를 파는 시대, 꿈을 파는 시대가 될 거라는 예측을 한 내용인데 지금은 당연하게 들릴지 몰라도 그 당시에는 상당한 파장을 일으켰고, 나에게는 더욱 그러했다. 당시 대사관에서 일하면서 나는 스토리의 중요성에 대해 깊이 체감하고 있었는데, 그래서인지 이분을 인터뷰해보고 싶다는 강한 열망이 일었다. 경력을 뒤져보니 내가 속해 있던 기관에서 일했던 선배이기도 했고, 마침 내가 외교 수교 50주년 기념으로 기획한 기업의 CSR(사회공헌) 프로젝트와도 접점이 있어서, 어떻게든 구실을 만들어볼 수 있을 듯했다. 프로젝트와 관련해 출장길에 만나 뵙고 싶다는 이메일을 보낸 후 과연 이렇게 유명하고 바쁜 작가님이 나의 이메일에 답변을 해줄까 조마조마한 마음으로 기다렸다. 그런데 바로 그다음 날 답변이 왔다.

"데비, 덴마크에 온다니 환영이에요. 나의 사무실은 코펜하겐 00가 xx 번지에 있어요."

야호. 나는 그렇게 빛나는 백발의 곱슬머리를 가진 롤프 옌센 작가님을 코펜하겐 집무실에서 만나게 되었고, 심도 깊은 이야기를 나누었다. 나오는 길에 그가 작은 성냥 한 갑을 선물로 주었는데, 중세 시대 그림이 그려진 희귀한 성냥이었다. 왠지 그 성냥이 내가 해야 할 일에 불을 당겨주는 느낌이었다.

한국에 돌아온 후 '기업의 CSR 프로젝트'는 덴마크 기업들의 이야기를 모아 책을 만드는 일로 가닥을 잡았고, 관련된 기자

내 안의 나침반이 향하는 곳은 어디인가

회견과 기업들의 사회공헌 서명식 등의 행사를 치러냈다. 세상에 도움이 되는 좋은 이야기를 알리는 것, 즉 내가 하고 싶던 일을 업무를 통해서 이룬 것이다. 나에게는 두고두고 기억에 남는 2009년의 프로젝트다. 이후 덴마크 외교부가 선정한 '올해의 3대 프로젝트'로 선정되어서 일본의 요코하마로 포상 교육을 다녀오기도 했고, 곳곳에서 책과 기사에 대한 호평이 들려오기도 했으니, 용기를 내서 영감을 채집하러 옌센 작가님을 만나러 갔던 것이 얼마나 큰 나비효과를 가져왔는지 모른다.

말괄량이 삐삐처럼 막무가내로 용감하기도 하고, 빨강머리 앤처럼 엉뚱할 정도로 긍정적이기도 하며, 오싱처럼 억척스럽게 무엇이든 해내려는 면모가 그림자처럼 나에게 스며들어 있어 이 모든 일들이 일어났는지도 모르겠다. 어릴 때 그들은 그저 나의 동경의 대상, 대리만족의 대상이었지만, 그들의 이야기를 사랑하며 내 이야기도 점점 그들과 닮아갔다.

"길모퉁이 너머에 무엇이 기다리고 있는지 나는 몰라요. 하지만 그곳에 분명 가장 좋은 것들이 있을 거라고 믿어요. 마릴라, 굽이 진 길에는 묘한 매력이 있어요. 그 너머의 길은 어떻게 이어질까요? 어떤 초록빛의 찬란함이 펼쳐질지, 부드럽게 어우러진 빛과 그림자는 또 어떨지, 어떤 새로운 풍경들이, 어떤 새로운 아름다움들이 기다리고 있을지, 그다음에는 또 어떤 갈림길과 언덕과 골짜기들이 이어질지 궁금해요."

빨강머리 앤의 말처럼 인생은 굽이지고, 앞길은 예상할 수가 없지만, 내 앞에 펼쳐진 풍경에서 가장 아름다운 면을 발견하며 살고 싶다. 그리고 나의 이야기 또한, 앤, 삐삐, 오싱처럼 다른 누군가를 일으켜주게 되기를 바란다.

 어린 시절 내가 사랑한 이야기들이 나를 구했고, 오늘의 나는 또 다른 누군가를 구하는 이야기가 되기를 꿈꾼다.

내 안의 나침반이 향하는 곳은 어디인가

1. 내 인생에 가장 큰 영향을 준 책이나 문장은 어떤 게 있나요? 이유도 같이 적어보세요.

> ex) 잭 캔필드의 《영혼을 위한 닭고기 수프》. 내 자신을 이해하고 스스로를 회복하는 데에 가장 큰 도움을 주었기 때문이다.

2. 내 어릴 적 꿈은 뭐였나요? 그것이 지금의 나와 어떻게 연결되어 있나요?

> ex) 성악가가 되고 싶었는데, 내 외국어의 음율에도 남아 있고, 친구들의 결혼식 때 축가를 불러주기도 한다. '노래로 다른 사람에게 감동을 주는 사람'이라는 꿈은 이룬 셈이다.

3. 내가 만족하는 '충분함'의 지점은 어디인가요? 관계, 경제, 커리어, 건강 등의 다방면을 고려해서 적어보세요.

> ex) 내 아이들에게 고등 교육까지 부족함 없이 지원해주고 해외 결탁 아이들에게 매달 후원금을 보낼 수 있는 경제적 상황, 나를 잘 이해하는 사람 가족을 포함하여 5명, 하루에 4시간 이상 앉아서 일할 수 있는 건강 정도면 충분하다.

4. 인생에서 꼭 이루고 싶은 버킷리스트 10가지와 그중 올해 이루고 싶은 버킷리스트를 적어보세요.

> ex) 마라톤 완주, 세계의 춤 배우기, 해외에서 몇 달 살아보기, 수제 비누 공예 배우기, 베란다에 텃밭 가꾸기, 가족들과 함께 크루즈 여행하기, 내 책의 북토크에서 노래로 공연하기, 인터내셔널 가족들과 각자의 전통 의상 입고 사진 찍기, 재단 설립하기, 책의 날에 책과 꽃 선물하기. 올해는 북토크 공연과 책과 꽃 선물을 하고 싶다.

5. 마지막으로 내 배가 향하는 목적지가 어디인지 나만의 방식으로 표현하고
   그려보세요.

항로

내가 찍은 점들이 지도가 된다

목적지를 향해 가고 있다고 믿었는데, 문득 정신을 차려보니 끝이 보이지 않는 바다 한가운데 홀로 떠 있는 듯 막막할 때가 있다. 분명 최선을 다해 키를 잡았고, 쉼 없이 노를 저었으며, 나침반도 수없이 확인했는데, 어쩐지 엉뚱한 항로로 밀려와버린 것만 같은 순간.

걱정하지 않아도 된다. 바다는 넓고 물결은 늘 변해서, 목적지로 향하는 길이 하나일 수가 없다. 멈추지 않고 계속 항해하다 보면, 놀랍게도 당신이 지나온 모든 물길이 배를 더욱 견고하게 만들고 돛을 더 넓게 펼치게 했던, 나만의 지도를 만드는 여정이었음을 보게 될 것이다.

그 모든 방황의 시간조차 결국은 목적지로 흘러가는 항로였음을, 당신은 반드시 깨닫게 될 것이다.

**"나는 폭풍을 두려워하지 않는다.
왜냐하면 나는 내 배를 모는 법을 배우는 중이기 때문이다."**

I am not afraid of storms,
for I am learning how to sail my ship.

―루이자 메이 올콧

내 인생의 역사를
다시 쓰기

반세기를 살아오면서 인생의 거친 파도와 폭풍을 수도 없이 맞았다. 그 풍랑은 매번 나를 갈기갈기 할퀴고 지나갔다. 나를 완전히 짓밟고 다시는 일어서지 못하도록 짓누르는 듯한 일들도 만났다. 밤잠을 이루지 못하고, 너무 힘들어서 세상과 신이 원망스러울 때도 있었다. 다른 사람들은 편안하게 사는 것만 같은데, 나는 그저 내 몫을 하며 열심히 살고 있다고 믿었는데, 왜 나에게는 괴로움을 주는 사람들이, 분노하게 만드는 사건들이, 육체적 고통이 이렇게도 많은지… 참 기구한 인생이라는 생각을 얼마나 많이 했는지 모른다.

그런데 희한하게도 나를 만난 지 얼마 안 된 사람들은 종종 내게 무척 평온해 보인다고 말한다. 인생에서 한 번도 힘든 일

내가 찍은 점들이 지도가 된다

을 겪지 않은 사람처럼, 얼굴에 시련의 그늘이 없다는 것이다. 시종일관 평온한 표정을 하고 있는 것이 마치 득도한 보살처럼 보인다고 말하기도 하는데, 그런 이야기를 들을 때마다 감사하면서도 의아하다는 생각이 든다. 내 내면에는 아직도 거친 파도의 상흔들이 가득한데, 내게서 평화로움이 느껴진다니, 나와 함께 밥을 먹고 대화를 하면 힐링이 된다니, 이런 기적이 또 있을까 싶다. 아마도 그 어떤 폭풍도 결국은 지나갈 거라고, 그 뒤에는 반드시 기쁨이 찾아올 거라고 믿는 긍정성을 지켜내고자 한 내 굳은 의지가, 아픔의 흔적을 덮었으리라 추측해볼 뿐이다.

살아오며 쌓인 다양한 아픔들이 꽤 두툼해져서 헤쳐 나가기가 버거워지던 40대의 어느 날, 나는 긍정심리학을 독학으로 공부하기 시작했다. 긍정적인 사고로 성공을 이룬다는 구루를 찾아 지구 반대편까지 가서 배우기도 했다. 마음을 다스리고 절망에서 일어나는 데에 실제로 많은 도움이 되었고, 어떤 직업을 갖든지 이런 긍정 공부는 모든 사람이 필수교양과목으로 배워야 한다는 생각이 들기도 했다.

그렇지만 그 이후에도 부정적인 사건은 멈추지 않았다. 이를 악물고 긍정을 지켜내야 했다. 이 정도 했으면 이제 고난은 끝나겠지, 여기서는 설마 끝나겠지…. 늘 희망을 품었지만 야속하게도 성난 파도는 끝없이 내 배를 때리고 또 때렸다. 앞으로는 몸도 마음도 더 늙어갈 텐데 어떤 일이 또 벌어져서 나를 무너뜨릴까, 마음속 깊은 곳의 두려움이 사라지지 않았다. 영화 〈인사이드아웃 2〉에서 기쁨이가 "항상 긍정적으로 산다는 게 얼마나 힘든 줄 알아?"라고 외치면서 엉엉 우는 장면이 마치 내 모습 같았다. 몇 번이고 흠씬 두들겨 맞고도 다시 긍정적으로 살려고 몸부림치는 내 모습 말이다.

그렇게 내 안의 긍정성을 지키려 애쓰던 긴 세월은, 내 나이 50을 몇 달 앞두고 있던 2025년 6월 어느 날, 호주에서 개최된 국제 강연 무대 위에서 비로소 꽃이 폈다. 그 무대 위에서 나는 내 인생을 요약해 15분간 스토리로 풀어냈는데, 온전한 나를 찾기 위해 나의 내면으로 그리고 세상으로 항해를 해온 지 수십 년이 흘러 드디어 내가 주인공이 되는 무대에 서게 된 것이다. 그동안 전 세계 곳곳에서 수많은 비즈니스 프레젠테이션을 했지만, 그건 나에 관한 것이 아니었다. 사람들에게 영감을 주기 위한 것도 아니었다. 회사를 소개하고 시장에 대한 정보를 설명하는, 수치와 사실 위주의 간결한 발표였는데, 그 많은 무대 경험이 어쩌면 이날을 위한 연습이 아니었을까 싶었다. 덕분에 파란 눈, 초록 눈, 다양한 모습의 관객들 앞에 서서 내 인생이라는

내가 찍은 점들이 지도가 된다

내밀한 이야기를 담담히 말할 수 있었다.

이루지 못한 어린 시절의 꿈, 무가치하다고 느꼈던 시간들, 시련과 도전, 신체의 약함, 그럼에도 멈추지 않고 나만의 방식으로 항해하고 있는 내 삶을 소설처럼 엮어 무대 위에서 펼쳤다. 시와 동화의 문장들, 영화 속 노래 소절을 곁들여 스토리텔링을 했는데, 이렇게 재가공하여 사람들 앞에서 나누니 마치 내 인생이 작품이 된 것 같았다. 나의 말 못 할 '사연'이 아름다운 말로 정제되어 '작품'으로 재탄생한 것이다.

강연이 끝나고 온갖 나라의 사람들이 나와 대화를 나누기 위해 찾아왔는데, 하나같이 이렇게 말했다.

"Lovely! 당신의 스토리가 마치 나의 스토리 같아요!"

내 이야기에 감명받은 사람들은 저마다 자신의 인생 이야기를 짧게나마 나누었다. 국경과 문화의 차이를 너머, 우리는 모두 예측할 수 없는 삶을 견디며 살아가고 있었다. 이 이야기를 하기 위해 나는 그 지난했던 인생을 살아왔을까, 하는 생각이 들 정도로 감개무량하고 아름다웠던 밤이었다. 나보다 훨씬 더 극적인 인생 스토리를 가진 강연자들도 여럿 있었으니, 나는 또 한 번 살아갈 힘을 내었다.

그날 밤, 강연의 기획자 캐런은 나에게 짧은 편지를 남겼다.

"You are a gorgeous, talented, and fabulous woman! (너는 아주 아름답고 능력 있는, 엄청나게 멋진 여성이야!)" 멋지다는 온갖 형용사를 동원해서 말이다. "데비의 이야기는 진정성 있고, 아름다웠어. … 인생의 여정을 강하고 우아하게 이끌어가고 있는 너는, 두려움 없이 나이 들어간다는 의미를 온몸으로 구현해내고 있어. 데비를 친구라고 부를 수 있다니 감격스러워."

힘들었던 반세기를 살아낸 내게 캐런이 훈장을 달아준 것만 같아 눈물이 쏟아졌다. 나의 시간은 헛되지 않았다. 사람들에게 기쁨을 주고, 힘을 불어넣어주는 작품이라면, 내가 만난 크고 작은 파도들이, 그것을 긍정적으로 받아들이고자 발버둥쳤던 내 모든 노력이, 충분히 가치 있다고 느껴졌다.

그날 밤 같은 무대에 섰던 강연자 중 한 명은 내게 이렇게 말했다.

"무대에서 발표할 스토리를 쓸 때 말이야. 이 이야기를 쓸까 말까, 한 문장을 썼다 지웠다, 다시 넣었다가, 또 지웠다를 반복했어. 무대에서는 절대 울먹이지 말고, 여유롭게 아름다운 이야기를 들려주겠다고 거듭 다짐했고 말이야."

나는 반갑게 화답했다.

"어머나, 크리스틴도? 나도 그랬어. 우리 모두가 그런 거구나."

나의 역사는 얼마든지 내가 다시 고쳐 쓸 수 있다. 긍정적으로. 작품으로. 내 손에서 작품으로 다시 태어난 내 인생의 역사는, 더는 나를 괴롭히지 못하고, 주변을 평화롭게 밝혀줄 것이다.

 한때 나를 무너뜨릴 것 같던 고통과 눈물은, 시간이 지나 아름다운 문장으로 재탄생했다. 내 목소리로 다시 쓰는 작품 속에서, 인생의 가장 깊은 상처가 가장 빛나는 이야기가 된다.

인생의 방향이
바뀌는 순간

살다 보면 바람의 방향이 바뀌는 순간이 몇 번은 찾아온다. 새 바람은 외부에서 불어오기도 하고, 내면에서 일어나기도 한다. 누군가 의외의 제안을 해오기도 하고, 내 안에서 새로운 열망이 피어오르기도 한다.

나는 원래 바람이 아무리 강하게 불어도 정해진 항로에서 벗어나지 않으려고 버티던 사람이었다. 첫 직장에 들어갔을 때는 여기서 은퇴해야지 생각했고, 두 번째 직장으로 옮겼을 때도 그곳에서 은퇴하겠다고 다짐했으며 그 다음도 마찬가지였다. 나에게는 안정감이 중요했고, 매일 전 세계와 일을 해도 나의 발은 한곳에 붙어 있는 것을 좋아했다. 그때는 내 인생에 새로운 챕터들이 놓여 있으리라는 사실을 전혀 알지 못했다. 돌아보니,

내가 찍은 점들이 지도가 된다

한 챕터가 끝나고 다음 챕터로 넘어가는 것은 아주 자연스러운 일이었다.

한 행사에서 만난 강연자는 자신의 인생을 셰익스피어의 희곡처럼 5막으로 나누어 들려주었는데, 인생이란 한 편의 문학 작품과도 같다는 생각이 진하게 들었다. 완곡하고 부드럽게 다음 장으로 이어질 때도 있고, 극 중에 인터미션이 있듯이 중간 휴식 후에 완전히 새로운 국면의 막이 시작하기도 한다. 유달리 긴 호흡의 1막을 살다가 사뿐히 2막을 맞는 사람들도 있고, 숨 가쁘게 다음 장, 또 다음 장으로 계속 넘어가는 사람들도 있다. 인생 책의 챕터는 저마다 다르다. 나의 인생이 과연 몇 개의 막 혹은 장으로 구성될지 아직은 미지수지만, 하는 일이나 사는 장소, 만나는 사람들도 달라지는 인생의 다음 막을 이제는 조금 기대하기도 한다.

태국 방콕에 갔을 때 머물렀던 곳은 객실이 여섯 개 정도 있는 주택가의 미니 호텔이었다. 온라인에서 볼 때부터 역사가 그대로 묻어나는 인테리어의 고풍스러움에 매료되었던 곳이었다. 여섯 개의 객실은 각각 완전히 다른 콘셉트로 꾸며져 있었다. 실제로 가서 보니 과연 호텔의 구석구석을 샅샅이 보고 싶을 만큼 생각보다도 더 예사롭지 않고, 물컵 하나마저도 정성이 가득 들어간 곳이었다. 어떻게 이런 호텔을 운영하게 되었는지 물어보지 않을 수 없었다.

"저는 원래 호텔리어였어요. 남편은 타일 아티스트고요. 어느 순간 남의 호텔에서 호텔리어로 일하기보다는 나의 호텔을 만들고 싶다는 생각이 들었어요. 내가 일하던 호텔과 규모로는 비교할 수 없지만, 남편과 저의 꿈을 하나하나 실현해서 여기까지 오게 되었어요."

그들은 아름다운 타일 아트와 하우스 콘서트가 있는 마치 영화 세트장 같은 독특한 호텔을 만들었을 뿐 아니라 이제는 특색 있는 미니 호텔을 만들고 운영하는 것에 대한 워크샵도 진행하고 있다. 내면에서 부는 바람의 방향을 따르는 것은 대단한 용기를 필요로 하지만, 생각지도 못한 행복을 가져다주기도 한다.

어른이 되면서 우리는 모두 어릴 때와는 다른 방향으로 살아가게 된다. 먹기만 하던 아이가 음식을 해주는 사람이 되고, 읽기만 하던 아이가 책을 쓰는 사람이 되기도 하며, 배우기만 하던 아이가 가르치는 사람이 되기도 한다. 취업을 하려고 애쓰던 때를 지나 창업의 꿈이 생기기도 하고, 선생님이 되려고 노력하던 시간이 있었는데 학교를 만들고 싶은 순간이 오기도 한다. 어른이 된다는 건 받는 사람에서 주는 사람이 되는 것이다. 그렇게 방향을 전환하면서도 어떻게 가장 나다운 모습으로 나아갈지 고민하는 사람들은 늘 나에게 영감을 주곤 했다.

때로는 거절이나 예기치 않은 일에 의해서 바람의 방향이 바뀔 때도 있다. 차갑고 냉정한 세상에서 거절당한다고 느낄 때, 그것은 사실 거절rejection이 아니라 방향의 전환redirection이었다. 좌절하지 않고 다시 일어서면 새로운 방향이 보인다. 원하는 학교 혹은 직장에 들어가지 못했거나, 사랑했던 사람과 관계가 끝났다고 해서 세상이 끝난 것은 아니다. 심지어는 부모의 거절을 경험한 고아나 입양인이라도, 시도했던 비즈니스가 실패해서 가진 걸 모두 잃은 사장이라고 해도, 인생 항해를 중간에 포기해서는 안 된다는 사실을 기억해야 한다.

이에 대한 수많은 데이터가 내 머릿속에 쌓여 있다. 거절이 큰 전환점이 되어 오히려 자신의 길을 찾아 성공한 사람들을 많이 보았다. 반대로 도전을 멈추거나 심지어 생을 포기한 사람들의 데이터도 있다. 그들이 단순히 새로운 꿈으로 방향을 조정했다면 굉장한 것들을 이룰 수도 있었을 텐데, 위대한 방향의 전환이 기다리고 있을지 모르는 그 순간에 일어난 안타까운 일이다.

직장인이라면 언젠가는 조직의 옷을 벗고 나와야 하는 시간이 기다리고 있다. 한창 일할 수 있는 나이에는 와달라는 일터

3장. 항로

가 여러 개라 밤새 어딜 가야 하나 고민하는 일도 생길 수 있지만, 어느 순간 세상이 나를 받아주지 않는 시간이 온다. 그 시간을 준비 없이 갑자기 맞이해 힘들어하는 분들도 많이 만났다. 나와 내가 일하는 조직을 동일시하지 않아야 삶의 단계가 바뀔 때 타격이 적다. 직장과 별개로 '나'라는 존재가 되는 것은 내세울 만한 명함에 이름이 적히거나, 거대한 일터의 일원이 되는 것보다 훨씬 작고 사사로울지 모른다. 그러나 그 소박한 길에서 찾는 기쁨은 크며, 생각보다 크게 성장하는 내 자신을 발견할 수도 있다.

"너의 스토리가 쌓이고 있는 거네. 안주하지 말고 앞으로 나아가라는 뜻이잖아."

나는 평화롭게 살고 싶은데 인생에 왜 이리 풍파가 많냐며 푸념하는 나에게 한 친구는 이런 말을 해주었다. 돌아보니 위기 1을 만나고 나서 나는 책을 쓰기 시작해 작가가 되었으며, 더 큰 세계로 나가는 커리어를 가졌다. 위기 2를 만난 다음에는 더 많은 책을 내고 온전히 내 자신이 되는 연습을 했으며, 위기 3을 만나고는 창업을 했다. 나에게 온 위기들을 이겨 나가는 과정에서 나는 전에 없던 용기를 내었고, 내가 생각하지도 못했던 새로운 나와 나의 능력을 발견했다. 행복한 시절이 오래가지 않고 배가

내가 찍은 점들이 지도가 된다

흔들리는 것은 나를 더 성장하게 만드는 기폭제가 되었다. 그러니 나는 지금까지 잘못된 인연을 만난 적도 없고, 약한 나의 몸도 장애물이 되지 않았던 것이다.

미국의 심리학자 캐롤 드웩Carol Dweck이 말한 '고정 마인드셋Fixed mindset'과 '성장 마인드셋Growth mindset'은 삶의 위기나 고난 가운데 우리가 가져야 하는 자세에 대해 선명한 제안을 준다. 같은 상황에서 불평하고 좌절하는 뻣뻣하고 고정된 태도를 가질 것인가, 아니면 그 상황을 나에게 온 성장의 기회로 받아들이고 또 한 뼘 자라갈 것인가? 매번 마음속 갈등을 불러일으키는 질문이지만, 나는 다음 인생의 챕터에서도 결국 후자를 선택할 것이다.

 인생은 정해진 항로를 지키는 일이 아니라, 바람이 바뀔 때마다 돛을 조정하며 새로운 장을 열어가는 여행이다. 그 변화가 인생의 위대한 전환점이 되어줄지도 모른다.

내가 건넨 말이
나의 운명을 만든다

어른이 되고 나서 성악 레슨을 받았던 적이 있다. 성대나 횡격막은 몸 안에 있으니 다른 악기처럼 볼 수도, 만질 수도 없어서, 레슨은 다소 신기한 방식으로 진행되었다.

"자, 자기 몸을 피리라고 생각하세요. 구멍이 한 개밖에 없는 피리예요. 두 개의 성대가 처음부터 끝까지 비는 공간 없이 딱딱 만나게끔 하세요…"

선생님의 지시는 추상적이기 이를 데 없다. 대체 어떻게 하라는 건지 이해하기도 어렵고 그대로 따라하기는 더 어렵다. 피아노 같은 악기라면 손의 위치를 선생님이 교정해줄 수도 있고, 선생님이 연주하시는 걸 보고 따라할 수도 있는데, 목소리는 그럴 수가 없다. 그저 선생님의 말을 떠올리고 내 몸속을 상상하며 가르침을 소리로 재현해보는 일을 무한 반복할 뿐이다. 그 훈련이 쌓이면 놀라운 일이 일어나는데, 어느 순간 정말로 목소리가 말하고 상상한 대로 나오고, 소리의 길이 찾아진다.

소원이 현실이 되는 여정에는 늘 상상력, 언어력, 공부력, 행동력, 이 네 가지가 동반된다. 이 네 가지 요소를 촘촘히 실행하면 어느덧 꿈이 현실이 되는 순간을 맞이한다. 내 인생은 블록버스터형은 아니라서 화려한 흥행은 별로 없었지만, 그래도 돌아보면 지금 나를 둘러싸고 있는 소소하게 따뜻한 현실은 내가 상상하고 혼잣말로 읊조렸던 말들의 결과물이다.

'전 세계를 다니며 일해야지', '나도 언젠가 따뜻한 책을 쓰는 사람이 되고 싶다', '인터내셔널 관객들에게 영어로 강연하는 사람이 되어야지', '식탁에 네 명이 꽉 차게 앉는 화목한 가족을 만들고 싶다', '창밖에 호수가 보이는 예쁜 오피스와 커뮤니티를 만들어야지'…. 사실 내가 마법사였나? 하는 익살스러운 생각이 들 정도로 내 바람들은 많이 이루어졌다.

그래서 요즘은 뭐든지 일단 말하고 본다. 물론 지금껏 이루어지지 않은 목록도 수두룩하고 어떤 소원은 과연 내 생애에 이룰 수 있을지 막막하게 느껴지지만, 세상의 모든 꿈이 한때는 비현실적이었으나 결국 실현되는 걸 보면, 말이 현실이 되는 능력은

신이 모든 사람에게 동등하게 부여해준 능력이 아닐까 한다. 어느 곳에나 차별 없이 해가 비추는 것같이 말이다.

　처음에 무언가를 하고 싶은 소망이 생기면, 우리는 자연스럽게 그것을 이룬 모습을 상상하게 된다. 라이트 형제도 하늘에 나는 새처럼 사람도 나는 모습을 상상했을 것이다. 처음엔 말도 안 된다고 여겨지는 무모한 소망이었겠지만, 지금까지 인류가 이룩해낸 기술들을 보면, 사람의 상상에는 확실히 힘이 있다. 나도 늘 상상부터, 아니 몽상에 가까운 것부터 시작해왔다.
　상상력, 생각력이 먼저 작용하고 나면 그것을 말로 한번 표현해본다. 글로 쓰면 위력은 더 커진다. 말이나 글로 표현하면, 막연했던 소망이 한층 단단해지고, 내 자신이나 내 주변 사람에게 구체적으로 각인이 된다. 언어력의 중요성이다.
　각인이 되면 다음 단계로 넘어갈 확률이 높아진다. 바로 노력이다. 공부, 연습 등 공을 들이는 단계다. 바이올리니스트가 되겠다는 꿈을 상상하고 적어놓았다고 해서 다음 날 그 꿈이 이루어지는 것은 아니니까 말이다. 목표에 이르기 위해 낑낑거리며 서투른 시끄러움을 감수하는 공부와 연습이 필요하다.
　공부와 연습, 실험과 연구 등의 시간이 무르익으면 이제 프로의 무대에서 실행할 차례다. 지금껏 쌓아온 내 노력의 힘을 믿고, 땅에서 발을 박차고 날아오르는 도전을 해야 한다. 오디션에 참가하고, 사업자를 등록하고, 가보지 않은 나라에 날아가야 한다. 행동력을 가진 사람에게만 소망이 현실이 되는 마지막 문이 열린다. 그리고 그 과정에서 우리가 계산해내지 못한 기적들이 종종 일어나고는 한다.

한편, 부정적인 말도 가차 없이 그대로 실현된다는 것을 살아오면서 몸소 체험했다. 늘 'hopeless(희망이 없는)'라는 단어를 추임새처럼 말하던 동료가 있었다. 그런 말을 계속 반복하는 것은 참 위험해 보인다고 속으로만 생각했는데, 아니나 다를까 그에게 일어난 일들을 보면, 일일이 열거할 수는 없지만, 정말 희망 없이 스러져간 인생이었다. '죽고 싶다'는 말을 입버릇처럼 자주 했던 친구도 마찬가지다. 어느 젊은 날 갑작스럽게 선택한 그의 죽음 소식을 접했을 때, 나는 아픈 충격에 빠졌지만, 그가 일상적으로 되뇌던 말들이 스쳐가 "결국 이렇게 되는 것인가…"라는 말이 저절로 나왔다.

다른 사람들에 대해 부정적인 말을 하는 것도 실은 나에게 하는 말이나 다름없다. 실제로 상대방은 듣지도 못하는데 그 독소 가득한 말을 제일 처음 귀로 듣는 사람이 바로 나 자신이니 결국 가장 큰 피해자는 나다. 긍정적인 말을 본능처럼 옷깃에 품고 사는 사람들을 곁에 두는 것이 나에게 이롭다. '말하는 대로' 라는 노래도 나왔고, 많은 책들과 강의에서도 말하는 대로 되는 능력을 언급하는데, 우리는 그 능력을 잘 활용하지 못할 때가 많다. 긍정적인 말을 하는 것에는 돈이 한 푼도 들지 않는다.

나이가 들며 사람은 새로운 욕구와 관심사가 탄생하기에, 나는 오늘도 또 혼잣말로 소원을 말하고 상상의 나래를 펼친다. 어떻게 이루어질지, 과연 이루어지기는 할지 알 수 없지만 과거를 돌아보면 미래에도 꿈이 이루어질 거라고 믿어본다.

이렇게 동경하던 일들의 실현을 체험하는 것이 세상에서 제일 재미있는 일이 아닐까 한다. 다만 그 길이 고속도로처럼 시원하게 뻗어 있지는 않다. 구불구불하고, 진흙탕에 빠졌다가 예기치 못한 장애물도 만나는 길이지만, 이 모든 일이 꿈이 현실이 되기 위해 일어나는 일이라고 생각하면 마음이 의연해진다. 그 길 위에서 사이사이 일렁이는 사계절의 아름다움도 누리고, 사람들의 온기도 느낄 수 있는 여유가 생긴다.

스스로 건네는 말로 배는 길을 만든다. 그 길을 따라 항해할 때 상상은 현실이 된다.

내가 찍은 점들이 지도가 된다

정답이 아닌 나만의 지도를
만들어야 하는 이유

이제는 '정답'을 추출해내는 것은 인간보다 인공지능이 훨씬 빠르고 정확하다. 따라서 정답을 잘 맞추는 우수한 인재가 되려고 달려가던 방향성은 의미가 없어지고 있고, 인류가 어떤 방식으로 살아가야 할지에 대해서 다양한 철학이 대두되고 있다. 나는 여전히 사람을 넘어서는 것은 어떤 것도 없으리라 생각하지만, 세상은 계속 변해가니 여기서 어떻게 생존할지 고민도 많다.

그래서인지 나는 자신만의 관심 분야와 전문성을 연결해 고유한 길을 만들어가는 사람들, 본질적인 것을 추구하며 자기만의 속도로 꾸준히 일하는 성실한 사람들, 트렌드를 쫓아가기 바쁜 시대에 작더라도 마이크로 트렌드를 스스로 만들어내는 사람들, 세상이 변해도 한 분야에서 자부심을 가지고 오래오래 일하는 사람들에게 관심이 간다. 어떻게 그런 사람이 될 것인가에 대해 하나의 정답은 없겠지만, 그런 사람을 양성하기 위해 길을 닦는 모습은 선명히 본 적이 있다.

대학을 졸업할 무렵, 나의 꿈은 명확한 그 어떤 것도 없이 그저 "전 세계를 다니며, 전 세계 사람들과 함께 일하고 싶다"라는 문장으로만 표현되었다. 대학에서 영어 교육을 전공했기에 정해진 길을 그대로 따랐다면 선생님이 되었겠지만, 졸업하기 직전 직업을 체험해보는 교생 실습에 나갔다가 선생님에 대한 마음을 내려놓았다. 하필 학생들이 가진 세세한 재능을 북돋아주기보다는 주요 과목으로 학생을 평가하고 야단치는 선생님을 보게 되었기 때문이다. 나의 학창 시절도 그랬지만, 다시 그 굴레로 들어가 내가 직접 학생들을 학업 성적으로 줄 세우기에는, 내 마음이 너무 힘들 것 같았다.

무엇보다, '영어를 조금 할 뿐, 아직 세상을 제대로 경험해보지도 않은 내가 어떻게 아이들에게 무언가를 가르칠 수가 있을까?'라는 생각이 크게 들었다. 세상 경험을 이제 시작하는 어린 나이에 선생님이라는 거창한 타이틀을 다는 것이 부담스러웠다.

더 배우고 경험하고 싶었다. 학교에서는 졸업하면서 선생님

내가 찍은 점들이 지도가 된다

자격증을 나에게 주었지만, 내 스스로 자격증을 줄 수가 없었다. 아직은 가르치는 것보다는 경험하고, 실제적인 지식과 지혜를 쌓고 싶었다. 언젠가 누군가의 선생이 되더라도, 다른 종류의 학교에서 일하게 되기를 꿈꿨다.

다행히 전 세계를 다니며 일하겠다는 나의 그 모호한 소망의 문장은 이루어져, 20대부터 40대까지 나는 글로벌 기업에서 일하며 세계 곳곳으로 출장을 다녔다. 그러던 중 어느 날 덴마크의 자유시민학교 한 곳을 방문하게 되었다. 학문적인 지식이 아니라 삶을 위한 기술을 배우는 학교로, 어른들을 위한 인생학교라고 말할 수 있는 곳이었다. (비슷한 콘셉트로 청소년을 위한 학교도 있다.) 한 덴마크 동료에게서 우연히 자유시민학교에 대해 듣고 관심을 갖고 있었는데, 덴마크 출장을 갔다가 출장지에서 조금 떨어진 곳에 그런 학교가 있다는 걸 알게 된 것이었다.

그 학교를 방문하기 위해 출장 마지막 날 새벽 4시에 일어나 눈길을 헤치고 기차에 몸을 실었다. 내가 방문한 곳은 IPC(International People's College)라는 곳이었는데, 이런 철학을 가진 학교 중에서 현지 덴마크인뿐 아니라 전 세계 누구에게나 열린 곳이었다. 선생님과 미리 약속을 해두어서 전체 투어와 수업 참관을 했고, 선생님과 이야기도 오래 나누었다.

그 방문은 내게 큰 인상을 남겼다. 전 세계에 나라 간 다툼은 끝이 없지만, 이곳만은 평화로웠다. 수업 시간에 모든 학생과 선생님은 국적에 상관없이 서로를 지지했다. 더 잘하는 사람이 아니라, 더 좋은 사람이 되려고 오는 곳 같았다.

이런 시민 학교들은 19세기 말, 덴마크의 사상가 니콜라이 그룬트비Nikolaj F.S. Gruntvig가 시작했다고 알려져 있다. 지금은 북유럽 전역에 걸쳐 여러 곳이 있어서 이 학교들의 협회도 따로 있다. 학교마다 중점적으로 교육하는 테마는 조금씩 다르지만, 주로 내가 누구인지, 무엇을 하고 싶은지를 다양한 학생들과의 관계 그리고 이야기 속에서 발견하도록 도와준다.

내가 방문했던 학교는 국제학과 언어를 중점 과목으로 하는데, 그 외에도 실용적인 삶의 기술과 예술, 발표하는 법, 세계 문학, 영어와 덴마크어 수업 등 다양한 커리큘럼이 있다. 국적뿐 아니라 연령대도 매우 다양한데, 공동체 생활을 하며 함께 요리도 하고 다양한 문화도 익힌다. 이 학교는 70~80명 정도를 수용할 수 있는 아담한 기숙사형 학교인데, 그 어떤 화려한 광고도 하지 않지만, 100년을 훌쩍 넘는 시간 동안 꾸준히 전 세계의 학생들이 이곳에 모여 공부하고 토론하며 문화를 나누고 있다.

"이 학교에서의 경험을 가지고 그냥 그 자리에 머무는 것이

내가 찍은 점들이 지도가 된다

아니라 실제로 사회에 나가서 건강한 시민으로, 인재로 커가기를 바라죠."

그곳에서 만난 선생님의 말씀은 내 가슴에 오래 남았다.

시험도 없고, 등수도 없는, 오직 '행복했는가'가 평가의 항목이 되는 이런 학교가 100년도 넘게 있었다니. 똑똑한 사람으로 자기 계발하는 것을 잠시 멈추고, 어떻게 행복한 사람으로 살아갈지에 대해서 생각해보는 시간이라니. 나의 목적지로 가는 길에 잠시 정박해 이곳을 둘러봤던 시간은 내가 일생 동안 경험했던 학교의 개념을 완전히 뒤집어주었다. 내 인생 지도에 의미 있는 이정표가 될 순간이었다.

수학 문제를 풀어내듯 정교한 정답은 인생에 없어도, 이렇게 내 인생의 지도 속에서 새로운 길을 계속 발견하는 묘미가 있다. 이 반짝임이 먼 미래에 내가 꿈꾸는 학교를 세우는 일이 될지, 어떤 형태가 될지 알 수 없지만, 확실한 것은 이 세상을 발견했기에 나는 보석 하나를 손에 쥐었다. 나만의 지도를 만들어가는 인생이 가슴 뛰는 하루하루를 내게 선사하니, 정답 찾기보다 지도 만들기가 확실히 더 재미있다.

나중에 청소년들의 인생 학교인 에프터스콜레_{afterskole} 에서 화상으로 커리어 강의를 한 적이 있다. 덴마크의 청소년들은 나에게 많은 질문을 했지만, 나는 오히려 그들의 생활이 궁금했다.

"그곳에서 자신을 찾아가는 시간을 가져보니 어떤가요?"

아이들은 손가락으로 하트를 만들어 행복하다는 표시를 날려주었다.

 정답의 시대는 저물고, 스스로 지도를 만드는 시대가 오고 있다.
오직 '행복한가'라는 질문만을 품고, 내 삶의 항로를 그려보자.

내가 찍은 점들이 지도가 된다

나만의 김치와 은반지는 무엇인가

인생의 다음 단계를 준비할 때 나에게 파도처럼 밀려와 정신이 번쩍 나게 만들었던 작품이 있다. 바로 이민진 작가의 《파친코》다. 이제 나의 건강도, 시장의 요구도, 장시간 컴퓨터를 보면서 일하는 일반적인 근로 시장에 내가 머무는 것을 허락하지 않는다는 사실을 받아들이고 인생 2막을 시작하며 창업을 준비하던 때였다. 아직 무엇을 해야 할지 확실하지 않고, 무언가 시작할 엄두도 나지 않아 한 발짝도 나아가기 어려웠던 그때, 《파친코》의 주인공 선자가 나에게 아이디어와 용기를 줬다.

선자는 남편을 억울하게 잃고, 당장 일하지 않으면 내일부터 아이들과 굶을 수도 있는 그런 벼랑 끝의 상황 앞에서 결연히 일어나 돈을 버는 세상 속으로 들어간다. 그 순간 그녀가 할 수 있었던 단 한 가지 일, 엄마에게 배웠던 김치를 만들어 시장에 내다 파는 일을 시작한 것이다. 그녀는 한국을 떠나 일본으로 올 때 엄마가 주셨던 은반지를 팔아 하루치 김치 재료를 사서 담근 뒤 장사를 한다. 김치가 팔리면 그 이익으로 다시 그다음 날 재료를 사는 방식으로 하루하루를 견디며 그녀는 아이 둘과 자신을 오랫동안 먹여 살린다.

장사를 나가기 전, 이 험한 외국 시장판에서 장사를 할 수나 있겠냐고 걱정스레 묻는 시누이에게 선자는 이렇게 말한다.

"그라믄, 다같이 굶어 죽을까예?"

그녀는 가만히 앉아 하늘에 기도만 하고 있는 사람이 아니었다. 아이들을 먹여 살려야 한다는 책임감으로 부단히 일어서는 사람이었다. 하찮아 보여도 그녀에게는 전부인 기술과 자본으로 선자는 살아남았다. 그 이야기를 읽으며, 나는 자문했다. '나의 김치(=핵심 역량)는 무엇일까? 나의 은반지(=투자 자본)는 무엇일까?'

선자를 보며 내 시어머니가 떠오르기도 했다. 40대에 남편 간병을 하면서 아이들 셋을 먹여 살리기 위해 과일 광주리를 이고 용감하게 시장으로 나가셨던 시어머니, 결국 남편을 여의고 난 후에도 과일 장사로 온 가족을 먹이고 길러낸 내 시어머니. 절박한 상황에서 김치를 들고 뚜벅뚜벅 시장으로 나갔던 선자와, 돌아가시기 직전까지도 과일 광주리 앞을 지키셨던 시어머니가 나에게 다시 일어서야 한다고 말해주고 있었다.

어떤 사람들은 정말 그 직업을 위해 태어난 것만 같다. 천재적인 피아니스트, 축구 선수, 화가, 과학자…. 뛰어난 재능과 의지가 합쳐져 이들은 인류에 큰 발자국을 남기기도 한다. 그렇지만 그렇게 거창한 업적을 세우지 않더라도 마땅히 천직이라 부를 만한 직업을 가진 사람들도 있다. 예전에 만났던 선생님 한 분은 자신의 종교가 '학교'라고 했다. 그만큼 선생님으로서의 일을 사랑한다는 뜻이었다.

이렇게 두드러지는 사람도 있겠지만, 대체 내게 맞는 일이 무엇인지 모르겠는 사람도 있을 것이다. 그러나 누구에게나 자신만의 김치가 있다. 나도 내게 특출 난 역량이 있다고 생각하지 못했었지만, 돌아보니 글로벌 커뮤니케이션이 그동안 나를 먹여 살려준 나의 김치였다. 김치로 김치찌개, 김치전, 김치라면 등 수많은 파생 요리를 만들어낼 수 있듯이, 소통 수단인 영어로 나는 국제 관계, 국제 금융, 국제산업통상 등 여러 산업을 넘나들며 세계와 일했다.

그리고 인생 2막에서는 또 한 번 내 김치를 다른 요리로 가공해야 했다. 이전보다 몸의 기능과 체력도 떨어졌으니, 내가 할 수 있는 일이 무엇인지 더 면밀하게 찾아내야 한다고 생각했다.

그러던 중 라트비아의 경제 사절단이 한국을 방문했을 때 한국 시장 진입에 대해 강의했던 경험이 떠올랐다. 강의가 끝난 뒤, 라트비아의 회사들도 차례차례 프레젠테이션을 진행했다. 그런데 모두가 하나같이 내 강의를 언급하며 깊은 감명을 받았다고 하는 것이 아닌가. 내 강의는 도표와 숫자, 그래프가 가득한 비즈니스 프레젠테이션이었는데도 말이다. 새로운 시장을 개척하기 위해 미지의 세계에 용감하게 온 그들에게 하나라도 더 알려주고 싶은 마음이 전달되었던 걸까. 그럴 때 나는 가장 나다움을 느꼈다. 딱딱한 일에서도 인간애를 찾아내고, 마음이 연결되는 지점을 발견해내는 일이 내겐 너무나 즐거웠다.

기업 컨설팅을 하던 시절에는 "나는 데비가 보내는 인보이스에는 금액을 보지도 않고 사인해요"라고 말하는 해외 고객사들도 있었다. 그만큼 나의 서비스를 믿어준다는 의미였다. 작가로서도 내 이야기를 듣고 용기를 얻었다는 메시지, 영감을 얻었다는 이메일을 받을 때 가장 힘이 났다.

이런 기억들을 떠올리며 '나의 경쟁력, 나의 핵심역량은 무엇일까'라는 질문에 이렇게 답을 적었다. "그래, 내가 가진 경쟁력은 대단한 기술보다는 주변에 따뜻함을 전하고, 따뜻한 커뮤니케이션을 하는 것이 아닐까." 세계적인 마케팅 구루 세스 고딘 Seth Godin 은 《린치핀》에서 자기가 하는 일에 감정을 넣으라고 말했다. 바로 그것이 인공지능이나 로봇이 대체할 수 없는 사람의 경쟁력일 것이다. 내 인생 2막의 김치는 그렇게 내게 왔다.

나와 남편이 열심히 벌어서 마련해둔 작은 '은반지'를 자본으로, 새로 발견한 '김치'를 요리해 조그마한 비즈니스를 열었다. 크고 작은 기업들을 돕던 나의 경력과 따뜻하게 소통하는 내 재능을 합친 공유오피스였다.

비교적 최근, 내가 운영하는 공유오피스를 촬영하고 싶다는 연락이 온 적 있다. 그런데 방송이 나가고 보니 방송 작가님이 부제를 '따뜻함이 머무는 일터'라고 만들어주셨다. 속으로 흠칫 놀랐다. 그렇게 잠깐 보고 간 사람에게도 내 의도가 보인다니 참 다행이라고 생각했다. 작은 재능이더라도, 나의 김치로 가능한 한 오랫동안 사람들을 먹여 살리고 싶다.

 누구에게나 자신만의 비밀병기가 있다. 자신의 삶 속에 숨겨져 있는 그 보물은 새로운 인생의 문을 여는 열쇠가 되어줄 것이다.

거친 파도 속에서
나를 지켜낸 힘

크루즈 배를 처음 타면 배가 워낙 거대해서 배인지 아닌지 헷갈릴 정도로 전혀 흔들림이 느껴지지 않는다. '아, 문제없겠어!' 하며 올라타지만 곧 배신의 순간이 온다. 좁은 해협이나 물살이 거센 곳을 지날 때, 혹은 속력을 빠르게 높일 때면 차 멀미와는 차원이 다른 배 멀미가 찾아온다. 침대에 누워 있으면 갑자기 지구 한 가운데로 쭉 빨려 들어가는 듯한 듣도 보도 못한 느낌을 겪게 되기도 한다. 이럴 때 경험이 없는 사람은 어떻게 대처해야 할지 몰라 우왕좌왕하며 힘들어한다. 그런데 경험이 있는 사람은 침착하게 크루즈 배의 복도 양 옆에 길게 위치한 손잡이 바를 잡고 리듬감 있게 천천히 걸으며 흔들림에 적응하고, 어떤 멀미약을 언제 먹어서 증상을 해소해야 하는지를 알고 있다.

사람마다 각자 인생에서 격한 풍랑과 멀미가 찾아올 때, 먹어야 하는 약과 잡아야 하는 손잡이가 있을 것이다. 나는 어릴 때부터 글을 썼다. 세계적인 신경과학 교수이자 연구자인 아닐 세스Anil Seth의 《내가 된다는 것》에서는 자전적으로 기억된 과거와 투사된 미래가 있는 이야기 형태의 정체성을 '서사적 자기narrative self'라고 표현하는데, 나는 이 서사적 자기를 글로 풀어내며 내 자아를 지켜왔다. 내 인생에 찾아온 수많은 풍파 속에서 글을 쓰면서 나를 다잡았고, 꼭 힘들 때가 아니어도 나는 숨쉬듯 글을 썼다. 노트에도 쓰고, 종이 조각에도 쓰고, 껌종이에도 썼다. 글짓기 대회에도 수없이 나갔고, 친구들에게 줄 편지는 얼마나 많이 썼는지 모른다. 글은 언제나 나에게 마음 약국과도 같다. 이야기가 없는 세상은 내게 진공 상태와도 같을 것이다. 나는 담벼락에라도 글을 써야 하는 사람이다.

그래서 주로 숫자를 다루던 첫 직장보다는 자료를 수집하고 업계 전문가들을 만나서 의견을 들은 후 영어 리포트를 썼던 두 번째 직장이 더 성향에 잘 맞았다. 당시에 나는 덴마크 정부를 위해 일하고 있었기 때문에 덴마크 태생 아동문학작가인 안데르센의 탄생 200주년 기념 행사 진행을 맡은 적도 있었다. 나는 그때도 매일매일 마켓 리포트를 쓰고 있었는데, 어떤 사람이 쓴

글은 그가 태어난 지 200년이 지나도 이렇게 사람들이 기념할 만큼 대단한 영향력을 가지는데, 내가 쓴 마켓 리포트들은 아무리 혼신의 힘을 들여 쓴다고 한들 아무도 기억해주지 못하리라는 생각이 들었다. 시장 보고서를 써주는 대가로 큰 돈은 받을 수 있었지만, 그 기업의 임원이 잠시 읽고는 쓸모를 다할 일회성 글이었다.

그런데 자신의 책을 쓰는 것은 그것과는 달라 보였다. 누군가에게 읽히고, 감동을 주고, 때로는 인생을 바꾸고, 영원히 남는다. 안데르센처럼 말이다. 다만 많이 팔리지 않으면 시간과 정성을 쏟아붓고도 생계를 유지할 수 없다는 사실이 나에게는 아이러니가 아닐 수 없었다. 세상이 원하는 리포트를 쓰면 돈을 벌 수 있지만, 내가 원하는 책을 쓰면 돈을 벌 수 없다. 어쩔 수 없다. 둘 다 하는 수밖에.

작가가 된다는 것은 쉽지 않은 일이고, 게다가 문학적인 책보다는 여러 정보를 쉽게 알려주는 정보성 책이나 부자가 되는 법을 알려주는 투자 책이 훨씬 더 환영받는 세상이지만, 안데르센이 내 마음속 호수에 퐁당 하고 던진 돌의 파급력을 막을 수는 없었다. 이제는 인공지능이 많은 것을 대신 써주는 시대가 되었지만, 인공지능에게는 인생이 없어 인생을 이야기하는 글을 쓸 수는 없으니, 어쩌면 이것만은 영원히 대체되지 않는 영역이지

내가 찍은 점들이 지도가 된다

않을까.

그래서 커리어와 인생이 흔들릴 때마다 나는 책을 한 권씩 썼다. 길을 잃은 것 같았는데, 글을 쓰며 내가 길을 잃은 것이 아니라 인생의 한 챕터를 마무리하고 더 성숙해져서 앞으로 나아가는 중이라는 걸 깨달았다. 글은 내 과거를 새롭게 싸매주고 앞길을 알려줬다. 내 삶은 참 녹록지 않았고 우여곡절도 많았는데, 책으로 써놓고 보면 그렇게 아름답게 느껴질 수가 없었다. 모든 스토리를 다 나눌 필요는 없고, 모든 스토리가 다 관객을 필요로 하는 것도 아니지만, 시간이 한참 흐른 뒤 인생을 재조명해서 새로운 관점으로 다시 쓴 스토리는, 가장 먼저 '나'라는 관객을 살리는 작품이 된다.

내가 좋아하는 덴마크 작가 카렌 블릭센Karen Blixen은 17년간 운영했던 케냐의 농장이 파산하고, 사랑하는 사람마저 비행기 사고로 잃고 나서, 단편소설들을 쓰기 시작했다. 케냐에서의 시절을 회고하며 썼다는 그녀의 대표작 《아웃 오브 아프리카》를 읽으며 아프리카에 한 번도 가보지 못한 나도 그 시대 케냐의 장엄한 풍광과 아프리카 사람들에 대한 그녀의 생생하고도 시적인 문장들에 매혹되었지만, 그녀는 아마 가장 심한 '인생 멀미' 중에 글을 쓰기 시작했을 것이다. 그녀도 자신을 살리기 위해, 그 시간을 지탱하기 위해 글을 쓰지 않았을까… 나 혼자서 추측해본다. 덕분에 전 세계의 수많은 독자들은 그처럼 훌륭한 작품을 만나 각자 자신의 삶에 또 다른 힘을 얻을 수 있었다.

거친 해협을 무사히 지나는 방법은 모두 다 다르겠지만 어떤 흔들림 속에서도 자신을 지키고 살려내는 당신만의 노하우가 꼭 있기를 바란다. 어느 누구도 당신의 인생 이야기를 대신해줄 수는 없다. 반드시 살아서 당신의 아름다운 이야기를 남겨주기를 간절히 소원한다.

인생의 파도가 아무리 거세도, 내면의 손잡이를 단단히 붙들고 한 걸음씩 나아가다 보면, 흔들리는 물결 위에서도 나만의 이야기가 잔잔히 피어오른다.

어떤 순간에도
희망을 선택하기로 했다

아이들이 어릴 때, 해리포터 덕후였던 딸아이 덕분에 휴가철마다 해리포터가 있는 곳을 따라다녔던 적이 있다. LA와 오사카의 유니버셜스튜디오에 가면 마치 소설 속의 세계가 3차원 현실 세상에 튀어나온 것처럼 섬세한 요소들까지 표현되어 있어 팬들은 흥분할 수밖에 없다. 마법의 지팡이, 온갖 맛이 나는 젤리, 버터 맥주 등 스토리와 연결된 제품들 덕분에 부모님들의 지갑은 속절없이 열린다. 우리를 상상의 세계로 데려가 즐거움과 배움을 주는 데 그치지 않고 영화와 현실 공간으로 2차 제작되어 체험 가능한 세계가 되고, 그에 따른 막대한 경제적 효과까지 가져오다니, 이야기의 힘에 새삼 다시 놀랐다. 처음에 한 줄, 두 줄, 글을 쓰기 시작했던 작가는 상상도 못 했던 일일지도 모른다.

　그리고 이때 각인된 충격은 점점 하나의 아이디어로 피어났다. 내가 쓴 책은 판타지 소설도 아니고 유명하지도 않지만, 그 글에 담긴 내가 꿈꾸는 행복한 일터를 작게라도 직접 실현해볼 수는 없을까? 그렇게 내가 만든 꿈의 공간, '헤이븐센트'가 탄생했다.

　헤이븐센트는 소박한 공유오피스지만, 그냥 공간만 대여하는 곳이 아니라 그동안의 나의 이야기가 쌓여 만들어진 곳이다. 그간 봐왔던 것들에 비하면 미니어처 수준이지만, 내가 사람들에게 주고자 하는 메시지와 환대를 소소하게나마 재현해보고 있다. 내가 출장길에 봤던 코펜하겐의 고즈넉한 호수와 노을의 풍경, 남극 크루즈 배의 추억, 동료들과 아늑하게 누렸던 휘게[*]의 시간, 호주 집 정원에 피던 카멜리아 등이 공간의 위치와 콘셉트에 모두 녹아 있다. 나의 인생은 이제 뜨거웠던 여름을 지나 가을, 겨울로 가고 있지만, 봄과 여름의 모든 결실이 레고 블록처럼 조합되어 지금의 작은 공간이 입체적으로 만들어졌다.

　그런데 이 공간을 통해 만나는 사람들이 자주 하는 이야기가

---

[*] **휘게** : 아늑한 분위기 속에서 가족, 동료, 친구들과 이야기를 나누며 힐링하는 시간, 혹은 그런 시간과 여유를 소중히 여기는 덴마크의 문화적 정서.

있다. '대표님의 기운이 좋아서' 공간에도 좋은 에너지가 느껴지고 입주사들도 좋은 사람들만 모인다는 것이다. 내 과거의 모든 경험을 모아서 만든 공간에서 가장 나다운 모습으로 일하고 있으니, 그들이 느꼈다는 '기운'은 내 지난 삶의 이야기가 종합된 그 무언가일 것이다. 내 인생에 덮쳤던 온갖 안 좋은 일들을 떠올려보면 내 인생의 가을이 그런 긍정적인 기운을 발산하고 있다는 게 눈물이 날 만큼 놀랍고 감사하다. 그러니까 우리에게서 뿜어져 나오는 고유한 에너지는 우리에게 일어났던 일의 좋고 나쁨이 아니라, 그 상황을 겪으며 우리가 선택하고 만들어낸 이야기로 빚어진다는 걸, 이제야 깨닫는다.

우리가 사람이나 물체의 분위기를 말할 때 쓰는 '아우라'라는 단어는 숨결, 바람이라는 뜻의 그리스어 어원을 가지고 있다. 숨쉬듯이 무의식적으로 표출되는, 한 사람의 지배적인 생각과 정서, 축적된 경험인 것이다. 아우라는 한순간에 만들어낼 수 없다. 인생의 수많은 갈림길에서 내가 한 선택들이 모여 아우라를 만들어낸다. 특히나 힘든 상황을 맞닥뜨렸을 때가 아우라의 방향에 큰 영향을 미치는데, 그럴 때마다 내가 곱씹은 한 이야기가 있다. 인도 동료가 들려준 '당근, 계란, 커피콩' 이야기다.

젊은 딸이 하루는 엄마를 찾아가서 자기 인생이 얼마나 힘든지를 울면서 호소했다.

"한 문제를 해결하고 나면 또 다른 문제가 나타난다고요. 끝도 없이 헤쳐 나가야 하는 이 상황이 너무 힘들어요!"

이 이야기를 들은 엄마는 부엌으로 가 세 개의 냄비에 물을 넣고 끓이기 시작했다. 물이 팔팔 끓기 시작하자 첫 번째 냄비에는 당근을, 두 번째 냄비에는 계란을, 그리고 세 번째 냄비에는 커피콩을 넣고 20분간 더 끓였다. 그리고는 당근과 계란을 건지고, 커피가 된 물을 커피잔에 따랐다.

"이게 뭐예요, 엄마?"

"자, 이 당근, 계란, 커피콩은 모두 끓는 물이라는 힘든 상황에 놓였지. 그런데 그 상황에 반응한 결과가 서로 달라. 당근은 원래 단단하고 강한 거 같았지만, 끓는 물이라는 풍랑이 덮쳐오자 흐물흐물하게 되고 힘을 잃어버렸지? 계란은 원래 겉은 껍질로 잘 싸여 있고 속은 액체처럼 부드러웠는데, 끓는 물에 들어가니 속이 굳어버렸고 말이야. 그런데 커피콩은 어때? 끓는 물 속에서도 힘든 상황 그 자체를 향기로운 아로마가 있는 맛있는 커피로 바꾸어버렸잖아. 물에 져서 자신이 변해버린 게 아니라, 오히려 자기의 향을 더 널리 퍼트린 거지."

딸은 그제서야 알아들었다는 듯이 고개를 끄덕였다.

내가 찍은 점들이 지도가 된다

"자, 그럼 너는 이중에서 어떤 사람이니? 당근일까, 계란일까, 커피콩일까?"

나에게 시련이 다가올 때 당근이나 계란 같았을 때도 당연히 있었다. 다 타버린 모기향처럼 건드리기만 해도 툭 부러질 거 같았던 순간도 있었고, 마음이 딱딱해져 단단한 껍질 안에 나를 숨기고 그 누구와도 만나지 않으려 했던 시간도 있었다. 그래도 이 모든 상황이 결국에는 향기로운 커피가 될 수 있다고 믿으며 몸과 마음이 타는 것 같은 순간에도 내 자신을 완전히 놓아버리지는 않았다.

견디기 힘든 일이 일어날 때도, 정말이지 너무 안 맞는 사람이 나타날 때도, 나를 어그러뜨리지만 않는다면 아름다운 부산물이 쌓여 주변을 온통 향기롭게 물들이는 아우라가 생겨날 것이다. 앞으로도 계속 그렇게 나만의 아우라를 쌓아 나갈 나 자신에게 오늘도 묻는다. 나는 당근인가, 계란인가, 커피콩인가?

 무엇을 경험했는지보다 어떤 선택을 했는지가 쌓여 한 사람의 향기를 빚는다.

경험의 점을 찍으면
길이 된다

산티아고 순례길은 자기를 찾고자 하는 사람들, 깊이 사유하는 시간을 보내고 싶은 사람들에게 인기 있는 명상의 길이다. 나는 산티아고 순례길에 다녀와 책을 쓰신 작가님을 두 분이나 만나 이야기를 생생히 들어서, 마치 직접 다녀온 것같이 간접 체험을 했다. 산티아고 순례길을 걷는 사람들의 목적지는 전부 하나, 산티아고 대성당이지만 열 개의 다른 경로가 있다고 한다. 각 길에 따라 세세한 차이는 있겠지만 모든 순례자는 몇 날 며칠 마치 고행을 하듯 먼 거리를 걸어야 한다. 어떤 날에는 비바람을 뚫으며 걷기도 하고, 또 어떤 날에는 발이 부르트거나 다리가 잘 움직여지지 않는데도 완주를 하기 위해 악으로 깡으로 걷기도 한다.

막상 목적지에 도착하고 나면, 여기에 오려고 이렇게 고생을 했나 싶어 허탈한 감정이 들기도 한단다. 대성당에 도달했을 때 드는 감흥보다는, 거기까지 가는 길에 생기는 오만 가지 에피소드가 훨씬 강렬하게 기억에 남는다고. 어쩌면 목적지는 그곳에 닿는 순간보다 우리가 멈추지 않고 계속 걸어가도록 만들어주는 동기로서 더 의미가 클지도 모른다. 걷는 동안 쌓이는 수많은 경험과 추억만큼 우리의 얼굴에는 주름이 지겠지만, 아름다운 나이테로 새겨질 수 있다면 목적지에 다다를 때 자연스러운 미소가 더해진다.

내가 사회에 첫 발을 내딛을 무렵은 온 나라가 어려웠던 IMF 시절이었다. 그래서 거창한 꿈보다는 내가 들어갈 수 있는 직장이라면 무조건 들어가, 돈을 벌고 생계를 유지해야 한다는 생각이 더 간절했다. 그런데 그 실업난 속에서 세계적 위상을 자랑하는 영국계 은행에서 일할 행운이 주어졌다. 예술과 글을 사랑했던 내가 이런 직장에서 일할 거라고는 생각도 못 했지만 소중한 기회였고, 열심히 일했다. 정확한 숫자, 분석적이고 논리적인 사고가 제일 중요한 일터였다. 거대한 외국 펀드들의 큰 금액을 다루었기 때문에 미미한 환율이나 금리의 변동도 어마어마한 레버리지 효과가 생겼다. 아주 큰 금액부터 아주 작은 퍼센트까지 빈틈없이 정확하게 읽어내야만 했다.

감정은 철저히 배제하는 숫자와 투자의 세계, 새벽 4~5시까지도 이어지는 잦은 야근…. 몸과 마음은 고됐지만 그래도 전 세계 고객들과 소통하며 문제를 해결하는 프로의 세계가 나에게 잘 맞다는 사실을 발견했고, 좋은 동료들과 고객들이 있어 값진 시간을 보냈다. 또한 그곳에서 불태웠던 내 청춘 덕분에 나는 숫자로 일하는 법을 혹독하게 훈련할 수 있었고, 돈을 벌기 위해 일할 뿐 아니라 돈이 나를 위해 일하는 투자의 세계도 구축해야 한다는 것을 이른 나이에 깨달을 수 있었다. 전 세계에 포진해 있는 은행, 증권사들과 매일 통화하며 익힌 글로벌 커뮤니케이션도 이후의 일들에 큰 도움이 되었다.

은행을 떠난 뒤에는 덴마크 대사관의 상무관 포지션으로 자리를 옮겼다. 이제껏 경험했던 프로의 세계와는 전혀 다른 새로운 세상이었다. 국가적 리더와 산업의 리더, 기업의 리더들을 수없이 만났고 담당하는 산업들도 방대해서 세상 돌아가는 일에 늘 촉각을 곤두세우고 있어야 했다. 국가의 고위 간부부터 일반 기업의 직원에 이르기까지 누굴 만나도 편안하게 대화하는 법을 익혔고, 계속해서 새로운 분야를 공부하고, 미팅하고, 출장을 다니며, 배우는 것이 산처럼 많았던 시간이다.

내가 찍은 점들이 지도가 된다

이렇게 국제적인 맥락에서 일하고 있을 때 가장 데비답다는 말을 많이 들었는데, 그러면서 '나다움'을 조금씩 찾아갔다. '글로벌'이 내 인생, 나라는 존재에 어울리는 키워드라는 걸 뒤늦게 깨달았다. 내가 누구인지 한참을 헤매었는데, 알고 보니 이미 그 안에 쭉 있었던 것이다. 공기가 늘 사방에 존재해도 잘 알아차리지 못하는 것과도 같다. 공기처럼 내 주변에 있는 것들이 무엇인지 돌아보는 것이 나를 찾는 지름길이라는 사실을 이때 실감했다. 이제 글로벌 조직은 떠났지만, '글로벌'은 여전히 나의 관심사, 비전, 인연의 반경이다.

대사관 다음에는 전 세계에 출장을 다니는 글로벌기업에서 일했다. 다른 사람들, 기업들의 꿈이 이루어지게끔 돕는 일이 내게 잘 맞는다는 것을 알게 된 시기이기도 하다. 그러나 일에서 얻는 즐거움과 성취감은 컸지만, 아이들을 키우면서 매달 해외 출장을 다니는 삶의 피로는 결국 번아웃으로 이어졌다.

평생 치열하게 열심히 살아왔던 나는, 내게 번아웃이 왔다는 사실을 처음엔 받아들이기 힘들었다. 어떻게 쉬어야 하는 건지도 몰라 당혹스러웠지만, 돌아보니 이때는 내 인생에 꼭 필요한 전환점이었다. 멘토를 찾아가 교육을 듣고, 내 생각과 경험을 정리하며 책을 썼다. 전혀 안정적이지는 못했지만, 앞으로 내가 나로서 해야 할 일이 무엇인지를 찾고, 내가 누구인지를 본격적으로 탐구할 수 있었다.

그렇게 충분하고도 다양한 경험이 쌓였을 때, 더 이상 커리어에 큰 미련이 없어졌을 때, 어쩌면 늦지도 빠르지도 않은 시점에 나는 회사를 세웠다. 그간 내가 쌓아온 숫자에 대한 전문성, 국제적인 연결과 시야, 크고 작은 기업들과 상생했던 경험들을 모두 응축하여 나만의 브랜드를 만든 것이다. 유명하거나 큰 돈을 버는 사업은 아닐지라도, 남들이 만들어놓은 기업 문화나 스케줄에 나를 욱여넣을 필요 없이 회사의 경제 가치와 사회적 가치를 내 방식대로 만들 수 있다는 점이 내겐 큰 의미다.

인생을 반 바퀴 살아보니 지나온 길이 내가 누구인지 알려준다. 지금 하고 있는 일도 언젠가 미래에 돌아보면 내게 어떤 목적으로 쓰였는지 알게 될 것이다. 그렇게나 열심히 들여다봤던 숫자, 혼을 쏟으며 썼던 리포트, 밤을 새면서까지 치러냈던 크고 작은 행사들이 결국 모두 내 안에 남아 내 길을 설계했다.

아직까지도 나의 최종 목적지가 어디인지, 나만의 산티아고 대성당은 무엇인지 완전히 선명하지는 않다. 그러나 내가 있었던 모든 현장의 경험과 추억이 연결되고 또 연결되어 고되지만 아름다운 순례길이 되어가고 있다. 나의 모든 경험의 점들이 이어져 마침내 목적지에 섰을 때, 아마 나는 이렇게 말하지 않을까.

"참 아름다운 길이었어. 멈추지 않아서 다행이야."

 지나온 파도와 바람이 서로 얽혀 내 배를 이끌어왔음을 깨달을 때,
비로소 고요한 항구 앞에서 안도와 감사를 느낀다.

엄마라는 경력이 만들어준
새로운 항로

엄마라는 직함에는, 우리가 직장에서 흔히 '잡디 *job description*'라고 부르는 일의 여러가지 속성이 포함되어 있다. 기본적으로 미니 식당도 운영해야 하고, 미니 호텔도 꾸려야 하며, 아이를 위한 미니 학교도 열게 된다. 홈스타일링이며 청소, 식물 가꾸기, 동물 돌보기, 구매, 경영, 자산관리, 약식 상담까지…. 엄마와 주부로서 집에서 하는 일들은 마치 공간이나 커뮤니티와 관련된 비즈니스를 하는 것과도 같다. 지금 내가 하고 있는 공유오피스 비즈니스는 나의 엄마로서의 경험과 사회생활 경험이 합쳐진 것이라고도 볼 수 있다.

물론 사회생활처럼 그 일을 통해 급여나 사업소득을 얻지는 못한다는 큰 맹점이 있기는 하다. 그래서 많은 주부가 어느 순간 무력감을 느끼기도 하고, 아직 미혼인 여성들은 자신의 커리어가 끊길까 봐 결혼을 주저하기도 한다. (요즘은 결혼을 했다 해서 꼭 여성만 집안일을 하는 건 아니지만, 그래도 이런 불안은 아직은 여성에게 더 크게 작용하는 듯하다.) 그렇지만 가족이라는 공동체 안에서 집을 경영하며 자신의 재능과 리더십을 발견할 수도 있다는 기대감을 가져보면 좋겠다. 나는 아이들을 키우면서 느꼈던 깨달음과 에피소드를 녹여서 덴마크 기자와 함께 《휘게 육아》라는 책도 냈으니, 엄마로서의 커리어가 어떤 기회를 어떻게 가져올지 아무도 모를 일이다.

엄마로 살면서 가장 어려우면서도 최고로 좋은 점은 내가 가족이라는 배의 선장이 된다는 것이다. 선장이 되면 내가 만들고 싶은 문화로 구성원들을 이끌 수 있다. 원가족에서도, 직장에서도 이미 만들어진 문화에 나를 끼워 맞춰야 했지만, 새로운 가족 안에서는 내가 주도적으로 문화를 만들어갈 수 있다. 어쩌면 20년이 넘는 세월 동안 우리 가족만의 문화를 형성하고 정착시켰던 경험에서 용기를 얻어서 내게 이상적인 기업 문화를 반영한 비즈니스를 시작했는지도 모른다.

선장으로서 내가 우리 가족 선원들에게 강조하는 주된 원칙은 '사랑' '이해' '감사'다. 가족 간의 관계가 늘 좋을 수는 없어서 흔들리고 부딪치고 좌초해 쓰러져 있는 날들도 생긴다. 어른이 다 된 엄마, 아빠도 어리석은 결정이나 행동을 할 때가 있으니 아이들은 오죽할까. 심지어 아이들은 사춘기라는 특별한 혼돈기를 거치기 때문에 사건 사고는 반드시 일어난다.

그러나 나는 이런 갈등은 일어나기 마련이고, 그럼에도 결코 무너지지 않는 것이 가족이라는 사실을 거듭 강조한다. 대화하고, 서로를 이해하고, 결국엔 미안함을 토로하며 함께 껴안고 한바탕 울고 나면 가족이 한층 더 단단해지곤 한다. 때로 정말 답답하게 느껴지는 순간에도 아이들에게 인내심을 가지고, 그들의 이야기에 진심으로 귀를 기울이며 쌓은 내공은 나를 크게 성장시켰다. 혼자였다면 결코 발견할 수 없었던 내 안의 리더십이다.

또한 가족은 내 인생에서 좋았던 경험이나 배움을 가장 먼저 베풀 수 있는 대상들이 되기도 한다. 나에게는 결혼 직후부터 지금까지 쓰고 있는 '메뉴 칠판'이 있다. 20년도 훌쩍 넘게 썼으니 가장자리가 좀 너덜너덜하지만, 정이 들어서 차마 바꾸지 못하고 있다. 메뉴를 미리 정해놓으면 짜임새 있게 장을 볼 수 있어서 쓸데없이 엥겔계수가 높아지지 않고, 일주일치를 한꺼번에 적어놓기 때문에 식사 때마다 뭘 먹을지 고민해야 하는 수고로움도 덜 수 있다.

내가 찍은 점들이 지도가 된다

특별히 주말에는 세계 음식을 연구해서 요리하는 일을 즐겼다. 해외 출장을 다니며 레스토랑, 또는 동료나 고객들의 집에서 맛본 음식들을 재현해보고는 했는데, 언젠가부터는 출장의 마지막 미션이 항상 그 나라의 요리책을 사 가지고 오는 것이 되었다. 그러다가 그 음식에 얽힌 역사와 스토리도 찾아보고, 동료들에게 들은 각 가족의 음식사도 덧붙이게 되었다. 덕분에 아이들은 어릴 때부터 온갖 세계의 음식을 맛보며 살아왔고, 요리는 각 나라의 문화와 국제정세 이야기로 확장되어 식탁에서의 대화 소재는 더욱 풍부해졌다. 어느덧 나에게는 '국제 음식 문화 연구'라는 새로운 취미가 생긴 것이고, 아이들에겐 직접 가보지 않고도 세계 곳곳을 경험하는 기회가 된 것이다.

내가 국제적 요리에 관심을 가지게 되었던 건 교환학생 때부터였다. 서양 요리라고는 미트소스 스파게티와 피자밖에 몰랐던 내가, 교환학생 때 머물렀던 호주 집에서 온갖 식재료와 요리를 접하게 되면서 세계의 식문화에 눈을 떴다. 이후로는 교제의 수단으로 요리를 적극 활용했다. 친구들을 초대해 음식을 나누면서 영어를 연습하기도 했고, 다양한 나라의 친구들에게도 요리를 가르쳐달라고 부탁하면서 자연스럽게 그들의 집에 방문하고 그들의 이야기를 듣기도 했다. 그때마다 모은 레시피로 나만의 요리책까지 생겨났었다. 그 값진 경험이 내 안에 남아, 가족들에게도 그와 비슷한 추억을 만들어주고 싶었던 것이다.

이제는 나의 공유오피스 가족들을 위해서도 음식을 만들어 함께 나누고 있다. 가족들에게 내가 경험한 음식들을 실험하다 보니, 다른 사람들을 행복하게 해주는 요리를 점점 더 좋아하게 되었기 때문이다. 외국 손님들에게 K-쿠킹클래스를 열 때도 있고, 한국 지인들에게 세계 요리 클래스를 열 때도 있으니, 다방면으로 활용도가 좋은 취미다. 노후에도 이 전공을 살려 기획해볼 수 있는 몇 가지 프로젝트가 떠오르니, 심심할 틈이 없겠다. 이렇듯 엄마의 경력을 살린 버킷리스트도 늘어나는 중이다.

그러나 무엇을 하든 가장 중요한 엄마의 잡디는 가족들을 조건 없이 사랑해주는 것이라는 사실만은 잊지 않기로 한다. 인류에 가장 큰 영향을 끼치는 엄마의 일이다.

 세상이 경력으로 인정하지 않는 항로 속에서도 나는 성장하고 있다. 그 숨겨진 항로 속에서 새로운 길이 열린다.

내가 찍은 점들이 지도가 된다

1. 다시 돌아가고 싶을 만큼 인생에서 가장 행복했던 순간은 언제인가요?

> ex) 30대에 좋은 동료들과 상사와 일하면서 뭘 해도 귀여운 아이들을
> 키웠을 때. 물리적으로는 많이 힘들었지만 행복과 성취감이 가득
> 했던 그때를 생각하면 기분이 좋아진다.

2. 폭풍의 한가운데 있다고 생각될 정도로 힘들었던 시기는 언제인가요? 그 시간을 어떻게 극복했나요?

> ex) 어릴 때 가정 형편이 어려워졌을 때도 많이 힘들었고, 최근에 몸이
> 아플 때도 힘들었다. 그때마다 글로 내 감정을 정리하고, 더 좋은
> 미래를 만들겠다는 의지를 다지며 지나왔다.

3. 거절당하거나 실패했던 경험이 오히려 새로운 돌파구나 방향 전환이 됐던 적이 있나요?

ex) 40대에 번아웃이 와서 직장을 그만둘 때는 이제 내가 이 나이와 이 건강으로 무슨 일을 할 수 있나, 막막했다. 그러나 덕분에 나를 찾는 시간을 본격적으로 가질 수 있었다.

4. 내 인생 지도에서 나는 지금 어디쯤 와 있나요?

   (출항 직전/순탄하게 항해 중/폭풍 한가운데/항구에 정박/새로운 대륙 앞 등)

   ex) 전환점을 돌아 새로운 땅으로 나아가는 중이다. 다른 사람을 위해
   열심히 일하던 시절은 끝났고, 나만의 브랜드를 만들어가고 있으
   니, 목적지에 더 가까워진 셈이다.

5. 마지막으로 내 인생 그래프에 들어갈 주요 사건들을 적고, 내가 찍은 점
   들을 선으로 이어보세요.

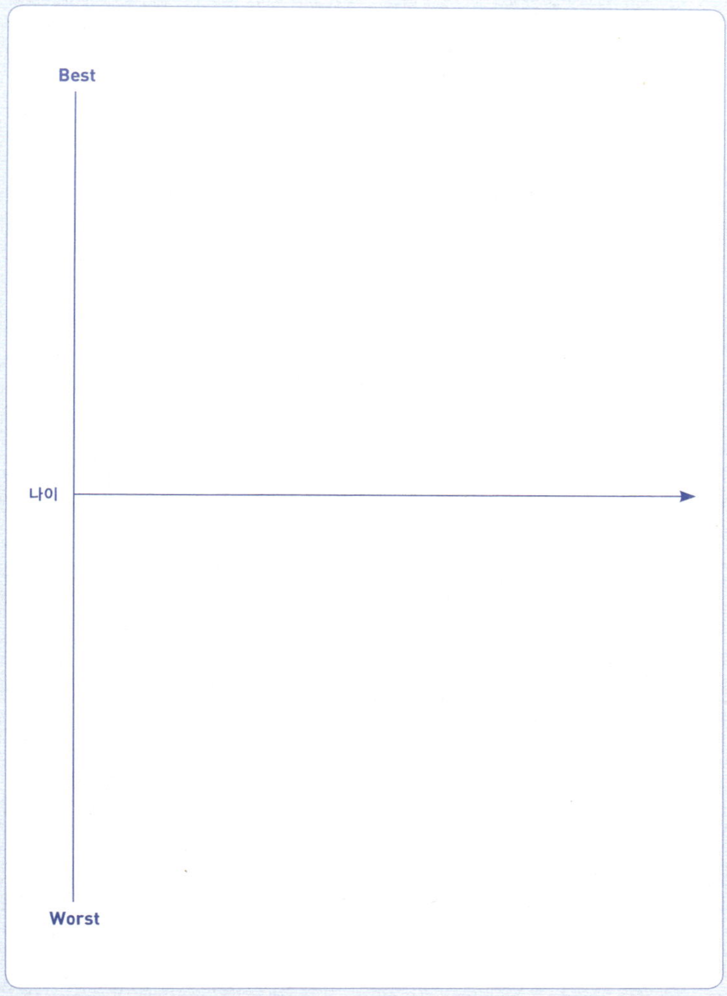

선원

멀리 가려면 함께 가야 한다

인생이라는 기나긴 항해에서 나 혼자서는 목적지까지 갈 수 없다. 항로를 살피며 방향을 조정해주는 항해사도, 때마다 연료를 채워주는 기관사도, 배 안의 사람들을 돌보는 조리원과 승무원도 필요하다.

그렇지만 모든 사람을 무조건 받아들여 마지막까지 함께해야 하는 건 아니다. 때로는 해를 끼치는 이가 올라타기도 하고, 목적지가 달라 잠시 머물다 내리는 이들도 있다. **누구를 곁에 두고 누구를 떠나보낼지 결정하는 일은 결국 선장인 당신의 몫이다.**

같은 목적지를 바라보는 이들과 함께할 때, 우리의 삶은 폭풍 속에서도 흔들리지 않는 단단한 평화를 얻게 된다.

> **"혼자서는 거의 아무것도 할 수 없지만,
> 함께라면 많은 것을 이룰 수 있다."**
>
> Alone we can do so little; together we can do so much.
>
> ─ 헬렌 켈러

인생의 바다를 건널 때 꼭 필요한 것

미켈라 드프린스_{Michaela Deprince}는 세계적인 발레리나인데, 놀랍게도 그녀는 전쟁 난민이었다. 1995년 시에라리온에서 태어난 미켈라는 내전으로 엄마, 아빠를 모두 잃고 세 살 때 고아원에 보내졌다. 그런데 극심한 영양 실조로 온몸에 흰 점이 퍼지는 백반증까지 앓게 되어, 그 나라의 미신에 따라 '악마의 아이'라고 불리며 따돌림까지 당했다. 그녀가 겪은 내전의 참상과 개인적인 비극은 말로 설명하기 어려울 만큼 참혹하고 잔인했다.

그 극한의 상황에서도 미켈라에게는 꿈이 있었는데, 어느 날 잡지에서 발레리나 사진을 보고 발레리나가 되고 싶다는 꿈을 품게 된 것이다. 그 꿈을 고아원에서 가장 친한 친구였던 모빈티에게 말하고, 극적으로 그 친구와 함께 입양해준 미국 어머니에게 말했을 때, 그들은 현실의 냉혹함을 얘기하는 대신, 응원을 해주었다. 덕분에 그녀는 흑인이 발레리나가 되는 것이 거의 불가능했던 시대상까지 뚫고 세계 무대에 서는 입지전적의 흑인 발레리나가 되었다. 그녀의 미국 어머니는 미켈라의 꿈을 처음 듣고는 다른 어떤 말도 없이 이렇게 답했다고 한다.

"너는 춤추게 될 거야."

그 말은 그녀가 발레리나로서 춤을 춘다는 뜻으로도 들리지만, 춤추듯 행복한 삶을 살게 될 거라는 의미로도 들린다. 그녀의 절친 모빈티도, 새로 만난 미국의 어머니도, 그녀와 피를 나눈 가족은 아니지만 진짜 가족이 되었고, 이 운명적인 만남은 미켈라의 인생을 완전히 뒤바꿔놓았다.

나는 또 한 명의 대단한 발레리나를 알고 있는데, 우리는 2016년 여름, 잭 캔필드의 교육에서 만났다. 그의 교육은 독특하게도 참가자들과 함께 포옹하는 것으로 시작된다. 잭 선생님은 포옹이 100퍼센트 유기농이고, 방부제도 없으며, 돈도 들지 않지만 최고의 치유와 격려의 힘을 가진 행동이라며, 어색해하는 사람들을 독려했다.

난생 처음 만나는 다양한 인종의 사람들이었지만, 그들과 팔이 저릴 만큼 많은 포옹을 나누며 눈물을 흘리기도 했다. 세상과 미디어에 만연한 미움과 분쟁에서 멀어져, 서로 잘되기를 바라는 마음으로 안아주는 그 시간이 말할 수 없는 감동이 되었다는 것에 모든 참가자가 동의했다. 그리고 그 많은 사람 중에는 두 팔이 없는 발레리나도 있었다. 팔이 없으니 내가 온전히 그녀를 안아줘야 했는데, 그녀는 두 팔이 없지만 당당한 미소를 머금고 포옹의 시간에 참여하고 있었다. 식사 시간에도 그녀는 능숙하게 발로 포크와 나이프를 다루어 먹었다. 며칠 뒤 그녀가 공연하는 모습을 영상으로 보여주어 알게 되었는데, 그녀는 많은 공연을 듀오로 하고 있었다. 팔이 있는 사람이 그녀 뒤에서 그림자같이 따라붙어 이중주처럼 공연을 하는 것이었다.

어쩌면 우리는 모두 이런 모습으로 살아가고 있는 것이 아닐까 하는 생각이 들었다. 나는 이것을 갖고 있지만 저것이 없고, 어떤 사람들은 저것을 갖고 있지만 이것이 없다. 그 빈 공간을 서로 채워주면서 가치를 만들어내며 살아가고 있다. 삶은 누구에게나 힘겹다. 미켈라는 비극적 환경 때문에, 두 팔이 없는 발레리나는 신체적 한계 때문에 힘들다. 하루하루를 개척하며 살아가는 누구에게나 각자의 짐이 있다. 그런 고단함 속에서 우리가 서로의 고됨을 알아주고, 따뜻하게 안아주고 응원하며 살 수 있다면 그럭저럭 견딜 만한 삶이 되지 않을까.

얼마 전 문득 미켈라가 잘 있는지 궁금해져서 인터넷에 검색해보았다. 그런데 이게 웬일인가. 여기저기에서 추모하는 글이 보였다. 2024년, 서른도 되지 않아 그녀는 심장 이상 증세로 세상을 떠났고, 그녀의 미국 어머니는 그다음 날 세상을 떠났다.

강렬하게 꿈을 이루고, 처절했던 삶을 용기 있게 나눈 그녀의 인생은, 짧아서 안타깝지만 아름다운 기운으로 내내 마음에 남는다. 죽음이 드리워진 나라에서 완전히 버려져 혈혈단신이었던 미켈라는 새로운 세계에서 친구, 엄마, 동료들이라는 응원단을 만났고, 결국 트로피처럼 행복을 거머쥐었다. 나는 그녀를 만나본 적도 없지만 잘 살아냈다고, 멀리서 포옹을 건네고 싶다. 누구나 언젠가 하늘나라로 가겠지만, 그때까지 함께할 인생 응원단이 있다면, 얼토당토않아 보이는 꿈도 이룰 수 있고, 치열하게 살아낸 고귀한 흔적을 유산으로 남기게 된다.

폭풍우와 암초가 도사리는 절망의 바다에서도, 함께하는 이들의 사랑과 지지가 있다면 배는 좌초하지 않고 꿈을 향해 나아갈 수 있다.

배에서 내리는
사람들

　예전에는 인간 관계가 조금이라도 틀어지거나 누군가가 나를 싫어하는 듯하면 신경을 많이 썼다. 나이가 들면서 좋은 것은, 이 세상 모든 사람이 나를 좋아할 수는 없다는 사실을 받아들이면서 훨씬 마음이 편안해졌다는 점이다. 사람은 취향과 성격이 제각각 달라서 나와 맞는 사람을 찾아낸다는 것이 오히려 하늘에 별 따기처럼 어렵고 귀한 일이다.

　"Let them." 한동안 나의 배에서 동행하던 누군가가 내리려고 할 때 되새기는 마음가짐이다. 내리고자 하는 사람을 억지로 붙잡을 수 없다. 그들은 그들대로 살아가게 내버려둬야 한다. 아끼던 사람이 나의 배에서 내리는 건 특히 쓰라리지만, 그저 앞날을 축복해주고 다시 열심히 살아간다.

그리고 나도 나에게 부정적인 영향을 끼치는 커뮤니티나 사람을 떠날 수 있게 되었다. '착한 사람'이고 싶어서 거절을 잘하지 못했던 내게, 오프라 윈프리의 말은 큰 충격을 주었다.

"'No'라고 말할 수 있게 되고, 그것에 대해 죄책감을 느끼지 않게 된 것은 제가 이룬 가장 큰 능력입니다. 당신은 '아니요'라고 거절할 충분한 가치를 지닌 사람입니다. '아니요'라고 말해도 괜찮습니다. '아니요'라고 말한 것 때문에 사람들이 당신을 좋아하지 않게 된다고 해도 괜찮습니다. 진짜 괜찮습니다. 중요한 것은 여러분이 무엇을 하고 있는지에 대해 스스로 어떻게 느끼는지, 여러분 자신에 대해 어떻게 느끼는지입니다."

이렇게 확고하게 주장하면서도 "나도 여전히 배우고 있습니다"라고 말한 그녀 덕분에, 나는 모든 관계의 숙제에서 자유를 얻었다.

살아갈 날이 살아온 날보다 짧아지는 지금은, 나의 존재와 내가 만들어내는 부가가치를 존중하지 않는 사람들과는 이 소중한 생의 시간을 굳이 같이 보낼 필요가 없다고 생각한다. 내가 없는 것이 더 행복한 그들을 위해, 나의 행복을 위해, 서로의 인생 스토리에서 조용히 평화롭게 막을 내리는 것이 좋다.

누군가가 배신했다고 흥분하거나 슬퍼할 필요도 없다. 내 인생 책에서 그들의 역할이 끝나서, 다음 챕터부터는 등장하지 않을 뿐이다. 관계는 기차와 같아서, 역마다 사람들이 내리기도 하고, 타기도 한다. 예상치 못했던 관계의 단절을 경험해본 사람들은 알 것이다. 처음엔 아프지만, 그들이 내 인생에서 사라져도, 내가 그들의 인생에서 사라져도, 아무 일도 일어나지 않고 오히려 각자의 세계에서 각각 행복할 수 있다는 사실을 말이다.

코로나 때 함께 마스크를 끼고 달리기를 하는 모임이 있었는데, 그 모임의 한 친구는 상사 때문에 직장을 그만두고도 여전히 그때의 힘든 기억에서 벗어나지 못해 정신과 치료를 받고 있었다. 무척 긍정적이고 열심히 살아온 게 단번에 느껴지는 친구였는데도 말이다. 지금은 전혀 보지도, 대화하지도, 한 공간에 있지도 않지만 그 상사는 여전히 그녀의 머릿속에서 그녀를 괴롭히고 있었다. 외상 후 스트레스 장애와 같은 현상이 꼭 재난이나 전쟁, 사고에서만 일어나는 게 아니라 잘못된 인간 관계에서도 충분히 발생한다는 걸 실감했다. 그녀와 비슷한 일들을 겪었기에, 나는 진심으로 위로의 말을 건넸다.

"그래도 떠날 수 있어서 얼마나 감사한가요."

그녀는 문득 놀란 표정을 짓더니 내 말을 다시 한번 반복했다.

"그러네요. 떠날 수 있다는 것이 다행이네요."

관계는 동아줄을 끊듯 도려낼 수 있으니 정말 감사한 일이다. 나에게 고통을 주는 것 중 제일 큰 것은 몸의 질병이나 통증인데 나이가 들어가며 그 고통은 점점 많아지고 있고, 병과 간절히 이별하고 싶지만 내가 원하는 대로 되지 않는다. 그런 면에서 관계는 그래도 내가 조절할 수 있는 고통의 영역이라고 생각한다. 물론 어떤 관계들은 정말 질겨서 끊어내는 것이 몹시도 힘들지만, 육체적 건강을 위해서 술과 담배의 중독에서 벗어나듯이, 해로운 관계에서도 빠져나올 수 있고, 나와야만 한다.

악영향을 미치는 사람이 부모일 때는 영향력도 더 크고, 단절도 더 어렵다. 예전에 만난 한 유럽 고객사 대표는 자신이 학대 가정에서 탈출한 이야기를 들려주었다. 그의 부모님은 당시 그 나라에서 유행했다는, 인간성을 파괴하는 이상한 교리의 종교를 신봉했다. 그는 어린 시절 집에 있는 것 자체가 고통이었고, 나중에는 그 내적 어둠이 학교에서도 티가 났다고 한다. 오랫동안 그를 지켜보던 중학교 선생님이 어느 날 그에게 가족과 계속 함께 살고 싶은지 물어보셨다. 그가 "아니요"라고 말하는 순간 선생님은 더 많은 것을 묻지도 않고 그를 그 집에서 꺼내 정부가 지원하는 집에서 살게 해주었다. 험난했을 그의 인생이 안타깝다는 생각이 드는데, 이제는 은빛 머리카락을 가진 성공한 CEO가 된 그가 이렇게 말했다.

"나는 괜찮아요. 세상에는 친절한 사람들이 많고, 그런 사람들을 정말 많이 만났거든요."

나는 견디다 못해 자신이 원래 있던 곳을 떠나, 새로운 환경에서 성공을 이룬 많은 일화들을 알고 있다. 나를 괴롭히는 직장, 학교, 가정, 혹은 조국을 떠나도, 세상에는 친절한 사람들이 많이 포진되어 있어 우리를 도와준다. 이 사실을 기억하는 것만으로 많은 아픔이 해결된다.

배가 항구를 만날 때마다 어떤 사람들은 내리고 또 어떤 사람들은 올라탄다. 날 아프게 했던 사람들이 배에서 내리고 나면, 더 친밀하고 더 잘 맞는 사람들로 배가 채워진다. 늘 그래왔고 앞으로도 그럴 것이다. 관계는 상호적인 것이라서 일방적으로 호의를 가져봤자 건강한 관계가 형성되지 못한다. 그럴 때는 과감히 애정을 철수해야 한다는 것을 세월에 걸쳐 나는 배웠다. 이제는 나로 인해 행복한 사람들, 그리고 나도 그들로 인해 행복한 사람들과 살아가고 있으니 이건 정말이지 관계의 천국이고, 인생 자체가 안식처다. 이런 든든한 관계 기반 위에서는 나를 잘 모르는 사람들이 가끔 상처를 주더라도, 그 상처는 가볍고 얕아서 잘 자고 일어나면 잊을 수 있다. 그 정도면 충분하다. 더 바랄 것이 없다.

 관계의 끝은 상실이 아니라 더 따뜻한 시작을 위한 여백일 뿐이다.

내가 선택한
새로운 가족

자신이 태어나는 원가족은 선택할 수가 없어서 그냥 주어진 사주팔자라고들 한다. 내가 어떻게 할 수 없는 요소인데도, 가족은 우리 삶의 전반에 큰 영향을 미쳐서 건강하고 좋은 가족 공동체를 만나면 평생 행복한 기억을 안고 살지만, 반대의 경우에는 각양각색의 슬픈 이야기를 만들어낸다. 톨스토이가 쓴 《안나 까레니나》의 유명한 첫 문장처럼 말이다.

"행복한 가정은 모두 비슷하게 행복하지만, 불행한 가정은 각자 저마다의 이유로 불행하다."

하지만 인생에 최소 한번은 이 운명을 바꿀 수 있는 기회가 주어진다는 게 그나마 삶의 공평함이 아닌가 한다. 좋은 부모를 만났다면 그 문화가 후대에 잘 이어져 내려가게 보존하면 되고,

그렇지 않더라도 자신이 독자적으로 행복한 가정을 새로 만들면 된다. 덴마크 기자 마쿠스 번슨Markus Bernsen과 함께 쓴 《휘게 육아》에서 나는 다음과 같은 이야기를 썼다.

"'좋은 부모'를 만나지 않았어도 '좋은 사람'이 되는 것은 철이 들고 나면 스스로 선택할 수 있는 부분이다. 아니, 성인이 되면 그 이전 유년시절의 경험이 어찌되었든 자신의 인생에 책임을 지는 사람이 되는 것이 원칙이기도 하다. (…) 그(자크 이브라힘Zak Ibrahim)는 역사적으로 많은 희생자를 만들어낸 테러리스트를 아버지로 두었지만, 그것과는 완전히 반대로 평화운동가가 되었(다)."

불행한 원가족을 가졌던 사람이 다시 불행한 가족을 반복하는 것은 종종 있는 일이지만, 과거에 종속되어 내 삶의 주도권을 가져오지 못한 정말 안타까운 경우다. 후생유전학이 유전자와 가족력보다는 살아가는 환경이 우리 몸에 더 큰 영향을 미친다고 증명하듯이, 태어나면서부터 주어진 요인과 상관없이 내가 직접 삶을 만들어갈 수 있는 기회가 분명 있다.

젊은이들이 결혼을 하고 가정을 형성하는 것을 망설이고 꺼려하는 트렌드에는 복합적인 이유들이 있지만, 결혼과 가정에 대한 부정적인 경험들이 축적되어 있는 것도 주요 요인으로 작

4장. 선원

용한다는 이야기가 있다. 세계적으로 봐도, 이혼율은 높고 가족에 관한 상처의 스토리는 끝도 없이 많다. 그러나 가족을 꾸리는 일은 원래 행복한 일이고, 누구나 이룰 수 있는 '선택의 스토리'다. 내가 선택한 배우자와 내가 원하는 가풍을 만들어낸 것. 그것이 내 생에 가장 잘한 일이다. 그 과정에서 나의 손을 벗어나는 수천 가지 에피소드가 생기기도 했지만, 밖에서 어떤 힘든 일이 있어도 나의 방향키를 다시 동여매 잡을 수 있도록 나를 회복시켜주는 사람들, 그게 바로 가족이다.

물론 새로운 가정을 만들어가는 일이 쉽지는 않다. 결혼은 완전히 낯선 타인들을 가족으로 받아들여야 하는 일인데, 여기에는 배우자뿐 아니라 배우자의 원가족도 포함이 된다. 나와는 다른 문화와 배경을 가진 사람들을 한 가족으로 받아들여 서로 적응해가야 한다. 시댁 식구들과의 첫 만남 때 그 어색했던 공기가 아직도 엊그제같이 생생하다. 그러나 세월이 지나 나는 이제 시댁 형님들과 세 자매처럼 살고 있고, 가족들과 만나는 명절의 들썩들썩하고 명랑한 분위기는 늘 기대가 된다.

내 인생에는 '국제적'이라는 키워드가 늘 따라붙었지만, 시댁에 갔을 때만큼은 가장 한국적이고 전통적인 것들을 접하게 된다. 민속학을 공부하는 마음으로, 무형문화재 내지는 지적재산

권을 전수받는 기분으로 재미있게 그 소중한 문화들을 익혀 나간다. 김장을 예로 들자면, 1년 먹을 김치를 만들기 위해 1년 동안 질 좋은 재료들을 마련한다. 염전에서 바로 공수한 보석 같은 소금, 가장 좋은 고추가 나오는 시기에 맞춰 따서 말리고 빻은 고춧가루를 준비한다. 또한 이름도 생소한 여러 가지 젓갈들을 저마다의 제철에 구해둔다. 가족이 먹을 김치에 혼을 담는다는 생각이 저절로 든다. 그렇게 정성스러운 준비와 김장은 가족을 생각하는 마음이 없으면 결코 할 수 없으니, 그 사랑과 함께 김치는 절여지는 것이다.

생전에 시어머니는 늘 당당하게 이런 말씀을 하셨다. "우리 집은 돈 빼고는 다 있다!" 제기능을 하는 가족이란 이런 것이고, 결혼을 하면서 덤으로 얻은 뜻밖의 감사한 인연이다. 돈은 벌고 굴리면 되는 것이어서 수정할 길이 있지만, 가족애가 사라진 황량한 가정은 고치기가 쉽지 않으니, 돈 빼고 다 있는 가족이란 얼마나 귀한가.

결혼이 아니어도 나만의 가족을 만드는 방법은 또 있다. 대학 시절 호주에서 만나 지금까지도 인연을 이어오고 있는 나의 인터내셔널 가족들은 크리스마스나 부활절 같은 그 나라의 명절에 다 같이 모이곤 한다. 그리고 마치 우리나라에서 전을 부치

듯이 하루 종일 다채로운 쿠키를 함께 만든다. 모두 어찌나 예술혼을 불태우는지, 다 만든 쿠키들을 테이블에 전시하면《헨젤과 그레텔》이 부럽지 않은 과자 나라가 탄생한다. 그 결과물에 감탄하며 사진을 찍고 서로를 칭찬하는 시간은 크리스마스 선물로 주고받을 수 있는 그 어떤 선물보다 더 값지다.

무엇보다 쿠키를 만들면서 그동안 쌓인 이야기를 나누는 것이 가장 행복하다. 각자 완전히 다른 문화에서 자라왔고, 만나지 못하는 시간 동안에 전혀 다른 인생을 살지만, 함께 모였을 때는 그런 차이가 중요하지 않다. 어디서 무얼 하든지 내 '가족'이 건강하고 행복하기만을 바라고 응원하는 마음, 상대가 어떤 조건을 갖추고 있기 때문이 아니라 그저 '가족'이기 때문에 애정하는 마음이 모든 차이를 덮고도 남기 때문이다. 내가 선택한 가족에는 나라와 문화에 상관없이 모두를 관통하는 사랑이 있다. Family by blood – 피로 맺어진 가족은 아니지만, Family by love – 사랑으로 맺어진 가족이다. 같이 모여서 사랑을 듬뿍 나누는 시간을 보내고 나면 주유소에서 충전되어 나오는 자동차처럼 다시 달릴 힘이 두둑히 생긴다.

이렇듯 최소한 내가 선장이 된 가족만은 내가 꿈꾸던 모습 그대로다. 경제적으로 혹독한 시절도 보내봤고, 보통의 가정이 경험하는 온갖 부침도 겪지만, 가족의 사랑이라는 기능을 잃지 않는다. 원가족에서 누리지 못했던 가족의 순기능을 새로 만난 가족들에게서 모두 찾을 수 있었으니, 오히려 더 큰 기쁨과 보람을 느끼기도 한다.

가족을 이루지 않고 혼자서 살아도 아름답게 생을 꾸려간 사람들을 나는 많이 알고 있다. 그렇지만 그들도 대부분 피나 법으로 맺어진 가족을 일구지는 않더라도, 사회적 가족을 만들어 그들을 돌보며 살았다. 누구나 타인에게 나누어주고 싶은 사랑이 마음속에 있나 보다. 피로 맺어졌든, 사랑으로 맺어졌든, 가족의 기능을 제대로 하는 가족을 이루었다면 성공적인 인생이다.

가족은 피가 아니라 마음으로 맺어진 공동체다. 서로의 삶에 진심 어린 온기를 불어넣는 순간부터 우리는 새로운 족보를 함께 써 내려간다.

목적지가 같은 부부는
싸우지 않는다

내가 남편과 결혼해도 되겠다, 마음먹은 것은 작은 우동 가게에서였다. 연애하면서 맞은 첫 크리스마스 날, 우리는 근사한 레스토랑에서 이벤트를 한 것이 아니라, 남편이 정기적으로 만나 멘토링을 하며 재정적으로도 후원하던 아이들을 찾아갔다. 그 아이들의 부모는 걷지 못하는 장애인이었는데, 좁은 임대주택에서 두 자매는 자기들끼리 뛰어 놀며 살고 있었다.

나와 남편(그 당시엔 남자친구)은 소박한 케이크를 들고 가서 그 가족과 함께 파티를 했는데, 우리 둘이 가서 앉으니 집이 꽉 찼다. 파티를 마치고 나와서는 따뜻한 우동 한 그릇을 같이 먹었다. 나도 그때 직장 내 동호회에서 매달 보육원 아이들에게 생일파티를 해주고 있었기에 우린 많은 대화를 나눌 수 있었다.

알아갈수록 참 착한 마음을 가진 남자였다. 그날, 나는 이 사람과 결혼해도 되겠구나 생각했던 것 같다.

하루는 꿈이 뭐냐고 그에게 물었더니 '돕는 인생'이 되고 싶다고 답했다. 언젠가 본 책에서 3등 인생은 남들에게 피해를 주는 인생, 2등 인생은 자기만 겨우 먹고 사는 인생, 1등 인생은 다른 사람도 돕는 인생이라고 했던 구절이 떠올랐다. 나는 그때 국제 금융 산업에서 일하며 부유한 집안 출신이거나 굉장한 엘리트인 남자들을 숱하게 보고 있었지만, 남편의 인생이 내가 본 그 어떤 남자보다도 1등 인생이 될 것 같다는 밑도 끝도 없는 믿음이 들었다.

남편은 지방에서 올라와, 주워 온 가구들로 인테리어를 한 집에 여러 명의 사람들과 같이 살고 있었는데, 한눈에 봐도 넉넉하지 못한 것을 알 수 있었다. 홀어머니가 시장에서 과일 가게를 하신다고 했는데, 나중에 어머니의 가게에 함께 갔더니 가게가 없었다. 그냥 시장의 한 길목에서 바구니 몇 개를 놓고 과일을 팔고 계셨다. 나는 그 모든 걸 보고 무슨 바람이 불었는지, '이 남자를 좋은 집에서 살게 해줘야겠다, 좋은 차도 타게 해주고 싶다…'라고 일기장에 적었다.

친정의 경제도 무너진 상태였으니, 결혼 후 경제적 여건은 더 악화되었다. 학창시절에는 혼자서 밤낮으로 공부했고, 대학 시절엔 새벽과 저녁에 영어 강의를 악착같이 뛰어 돈을 벌었으며, 20대에는 늘상 야근을 했는데, 결혼하고 아이들을 낳으면서는 더욱 바빠져 나는 대체 언제 쉴 수 있는 것일까, 가끔 서러움이 밀려오기도 했지만, 대신 내가 착한 남자를 얻은 것만은 분명했다.

우리에게는 여섯 명의 아이들이 있었는데, 우리가 생물학적으로 낳은 아이 둘, 결혼 전부터 돌보던 장애인 부부의 아이 둘, 그리고 보육원에서 마음으로 결연한 아이 두 명이었다. 아이들을 키우면서는 정말 초인적인 능력이 생겼다. 아이들을 잘 키워내야 한다는 책임감으로 나도 알지 못했던 놀라운 능력을 발현했다. 부모가 된 우리는 어떤 힘든 일도 이겨낼 수 있었다. 24시간이 모자라고 잠도 부족했지만, 마음으로 가족이 된 아이들을 매달 찾아가 놀아주고, 놀이공원에 데리고 가면서 친딸과 친아들도 자연스럽게 그 아이들과 함께 놀며 자랐다. 나중에는 아프리카 부르키나파소의 아이 한 명도 결연해 학교에 갈 수 있도록 재정적으로 후원했으며, 지구촌 기아 후원도 지속했다.

20년 넘게 함께 살며 이보다 더 선하고 성실하며 이타적인

멀리 가려면 함께 가야 한다

남자를 본 적이 없다. 그게 가끔은 지나쳐 속을 까맣게 만들 때도 있다는 것을 결혼할 때는 몰랐지만, 그래도 궁극적인 목적지가 같으면 싸울 일이 별로 없다. 대부분 많은 것에 이미 동의하고 있기 때문이다. 서로의 깊은 슬픔이나 트라우마도 가장 잘 알고 있기 때문에 그런 기억이 다시 떠오를 만한 일은 절대 하지 않는다. 아이들이 우스갯소리로 우리집 부부 싸움은 서로 설거지를 하겠다고 싸우는 거랑, 서로 빨래를 개겠다고 싸우는 거라고 말한다. 젊은 시절에는 '이상형'을 그리며 각종 외적 조건과 달콤한 성격 요소를 말하곤 하지만, 나의 모든 약점과 부족함, 아픔과 상처를 모조리, 낱낱이 알면서도 사랑해주는 사람이 진짜 이상적인 배우자라는 것을 곧 알게 될 것이다.

얼마 전, 우연히 집안을 정리하다가 남편이 쓴 쪽지를 보게 되었다. 그가 50세가 되던 해에 쓴 메모 같았다. 거기에는 이렇게 써 있었다.

'이제 다시 시작이다. 주변에 선한 영향력을 주는 사람이 되자. 나의 일과 투자가 사람들에게 희망과 위로를 주면 좋겠다.'

그리고 그 옆에 나의 건강과 심리적 문제들이 해결되기를 바라는 소망이 빼곡히 적혀 있었다. 깜짝 놀랐다. 20년이 넘는 세월이 흘렀지만 우리가 가진 목적은 변하지 않고 똑같았다. 그래서 우리는 별달리 다투는 일 없이 그렇게 살아왔나 보다. 내가 낳은 아이들도 내 뜻대로 할 수 없고, 남편도 내 마리오네트 인형처럼 움직여주지는 않는다. 하지만 갈등이 생기더라도 서로 잘 되기를 바라는 마음, 무조건적인 애정이 바탕에 있다는 사실을 인지하고 있다면, 서로를 더 깊이 이해하고 애틋하게 사랑하게 되는 날이 기어코 온다.

사는 게 힘들다고 하소연하는 나에게 남편은 이런 메시지를 남겼다.

나는 언제나 당신 편이야. 영화 〈계춘할망〉 속에서 할머니 윤여정 선생님이 손녀 혜지에게 하는 대사는 내가 당신에게 늘 마음속으로 하는 나의 대사이기도 해.
"세상살이가 힘들고 지쳐도 온전한 나 편 하나 있으면 살아지는 게 인생이라. 나가 느 편 해줄테니 너는 너 원대로 살라."

 화려한 요트가 아닌 오래된 나무배를 타고 있을지라도, 같은 방향을 바라보며 함께 노를 젓는 파트너가 있으면 수평선 너머로 끝없이 갈 수 있다.

최고의 성과는
결국 사람이 만든다

팍스 로마나. 로마 제국이 아우구스투스 황제 즉위 이후 약 200년간 누렸던 평화와 번영의 시기로, 이때 로마는 정치, 경제, 문화 모든 면에서 최전성기를 맞이했다. 인생에도 이런 팍스 로마나 시기가 있다. 누군가에겐 가장 여유로운 시기, 누군가에겐 가장 부요한 시기, 또 누군가에겐 가장 인기가 많았던 시기가 팍스 로마나겠지만, 내 인생에서는 내게 가장 잘 맞는 직장에서 일했을 때가 팍스 로마나였다.

직장의 문고리를 잡고 들어갈 때, 다시 나올 때, 나는 충만한 행복감을 느끼곤 했다. 사무실이 남산에 있었는데, 도시 한가운데서 자연을 흠뻑 느낄 수 있어서 동료들과 나는 그 사실만으로도 연봉 얼마가 더 보태진 셈이라고 이야기하며 즐거워했다. 아이들이 아직 어릴 때라 육아와 일을 병행하며 잠은 늘 모자라고, 육체적으로 힘에 부쳤으며, 경제적으로 많이 버거웠던 시절이지만, 그래도 뜻이 맞는 동료들과 매일 함께하는 기쁨은 지금 돌아봐도 생생하게 느껴질 정도로 강렬했다.

"데비, 지금 치고 있는 건 쇼팽이야, 아니면 베토벤이야?"

빠르게 키보드 자판을 두드리며 리포트를 쓰는 내게 덴마크 동료들은 이렇게 장난을 치곤 했다. 음악을 사랑하는 내 취향을 알고 치는 맞춤형 장난이었다. '피아노는 아니지만 키보드 자판을 치고 있구나.' 덕분에 어릴 적 꿈이 생각나며 뭉클한 마음과 함께 웃음이 났다. 동료들의 결혼식마다 축가를 부르기도 했으니, 노래의 꿈도 생각지 못한 방식으로 이뤄진 셈이었다.

일터도 행복할 수 있다는 걸 그 시기에 깨달았다. 물론 업무 자체에는 어려움도, 스트레스도 있었지만, 그 모든 것을 심각하거나 힘들게 받아들이지 않고 감사하며 즐겁게 일하는 사람들과 함께하니 하루하루가 신났다. 친절하고 책임감 있으며 능력을 갖춘 사람들과 같이할 때 일터는 놀이터가 되는 것이었다.

나에게 가장 행복한 시간을 만들어준 리더와 동료들은 성과와 성장을 함께 도모할 줄 알았다. 조직에서 매년 KPI(key performance indicator), 즉 핵심성과지표가 주어졌는데, 그 직장에서는 리더와 동료들 모두 그것을 스트레스를 주는 도구로 사용하지 않고 개인이 성장할 때 성과가 따라오는 것이라고 여기며, 성장을 더 장려해줬다. 성과에 도달하기 위해 필요한 교육을 찾아 듣게 했고, 합리적이고 전략적인 사고를 했으며, 끊임없는 대화와 조율로 모두에게 만족스러운 결과를 만들어낼 줄 알았다. 매일 출근할 때마다 따뜻한 미소로 서로 인사를 건네는 것을 잊지 않았으며, 외교적 프로토콜을 맞추어야 하는 엄중한 일을 하면서도 일터를 창의적이고 인간미가 있는 곳으로 만들려고 모두 다 같이 노력해주었다.

업무적 성장뿐 아니라 개인의 인생 성장에도 힘을 보태주곤 했는데, 내가 둘째 아이를 낳을 즈음에는 아이가 둘이나 되는데 육아 휴직 3개월로 되겠냐며 6개월 정도는 쉬고 나오라고 먼저 제안을 해주었다. 하루 종일 집에만 있으니 좀이 쑤셔 결국 3개월 만에 자진하여 복귀했지만 말이다. 아이들이 번갈아가며 새벽에 일어나는 바람에 극심한 수면 부족에 시달렸을 때는 슬며시 힘든 상황을 토로했더니 '주 4일 근무'라는 전례 없는 제안을 해주어서 나는 직장을 그만두지 않고 쪽잠을 보충해가며 커리어를 이어갈 수 있었다. 워킹맘을 위한 정책도 중요하지만, 엄마가 계속 일할 수 있게 배려해주는 직장의 분위기가 나에게는 눈물 나게 고마웠고, 우리 아이들은 그때의 그 동료들과 같이 키웠다는 생각이 든다.

더군다나 나중에 내가 다른 회사에서 온 스카우트 제안 몇 개를 두고 고민하고 있을 때, 상사와 동료들이 함께 밤새 내 미래를 고민해주었다. 현실적인 부분들과 내가 꿈꾸는 방향성을 짚어가며 세심하게 조언해줬는데, 오랜 시간 같이 근무하는 동안 나에 대해서 깊이 이해했다는 것이 느껴졌다. 그 진심 어린 관심과 응원에 깊은 감동을 받았었다.

나의 인생 상사는 다음 해 업무 계획을 위한 워크샵 회의를 항상 자기 집에 초대해서 열었다. 거실에서 하루 종일 아이디어를 짜다가 점심은 그의 가족들과 다 같이 요리해서 먹었고, 저녁에는 바비큐를 구워 먹었으며, 그의 아이들과 놀아주기도 했다. 인적 자원으로서가 아니라 사람 대 사람으로서의 시간을 쌓은 것이다. 회식이나 연말 파티도 늘 덴마크 동료들의 집에서 열었다. 덕분에 문화를 공유했고, 함께 요리했으며, 벽에 걸린 사진이나 그림, 사소한 오브제 하나로도 대화는 끊이지 않았다.

집에 초대된다는 것은 단순한 공간적 의미를 넘어선다. 사무적인 관계에서 인간적인 관계로 한 단계 더 발전하게 되고, 업무 이야기뿐 아니라 어린 시절 이야기부터 개인적인 삶의 고민까

멀리 가려면 함께 가야 한다

지 풀어놓게 되기도 한다. 동료들과 추억도 만들고 업무의 질도 높이는 일석이조 활동이었다. 따뜻하고 인간적인 일터에서 우리는 최고의 성과를 누렸다. 전 세계 직원들이 한 자리에 모이는 연례 회의에서 우리 팀이 해낸 성공 케이스를 발표하기도 했고, 행복한 일터라고 소문이 나서 잡지에 난 적도 있었다.

나는 그때의 일터를 재현하고 싶어 공유오피스를 만들고 공용 라운지에 '휘게 라운지'라고 이름을 붙였다. 그때의 행복감이 아직까지도 나에게 큰 영향을 미치고 있는 셈이다. 수십 년이 지난 지금도 그때의 동료들과는 서로 가족의 안부를 묻고, 만날 때마다 힘을 얻는다. 일터에서 개인의 영역을 지키고 싶어하는 요즘에는 내가 꿈꾸는 이런 직장이 실현되기 더 어렵겠지만, 일터가 행복할 수 있다는 사실만큼은 널리 알리고 싶은 마음이 간절하다.

서로를 아끼고 성장시키는 동료들과 함께할 때, 전쟁 같은 일터마저 쉼이 있는 안식처가 된다. 책임 있는 노동과 따뜻한 관심으로, 우리는 매일 서로의 삶을 정박시켰다.

인생의
멘토가 있다는 것

30년 전 호주에 갔다가 나는 인생의 큰 멘토를 만났다. 교환학생으로 있는 짧은 시간 동안 교제했는데, 이렇게 평생 가는 인연이 될 줄 그때는 몰랐다. 한국에 돌아오고 나서도 손편지와 전화로 연락을 이어갔고, 기술이 발전하며 이메일로, 화상으로 우리는 계속 만났다. 출장이나 여행으로도 서로의 나라에 방문하곤 했는데, 그러면서 나에게 진짜 엄마 같은 분이 되었다. 그녀를 만나러 갈 비행기 삯을 벌기 위해 열심히 일한다는 말을 농담처럼 할 정도로, 언젠가부터는 그녀를 만나러 가는 일이 더없이 소중하고 큰 일이 되었다.

그녀는 노르웨이 출신의 호주 남자와 결혼한 인도네시아 출신의 호주인인데, 호주에 온 유학생들을 돕는 봉사를 하시다가

멀리 가려면 함께 가야 한다

나를 만났다. 이제는 곧 아흔 살을 바라보는 연세지만, 여전히 춤을 즐겨 추시고, 지중해로 크루즈 여행을 떠나시고, 손님들을 초대해서 파티를 여신다. 수학과 컴퓨터를 가르치던 선생님이셨는데, 은퇴 후에는 회계학을 공부해 작은 기업들의 회계 부서를 도우셨고, 지금은 병원과 법정에서 까다롭고 중요한 통역 일을 하고 계신다. 뿐만 아니라 여러 단체에서 이사직을 맡아 의미 있는 사회활동도 계속 하고 계신다. 연금과 자산이 있음에도 평생 일을 놓지 않고 아직도 사회에서 자기 몫을 해 나가려고 노력하시는 모습이 놀라울 따름이다.

호주에 가면 마치 그녀가 나만을 위해 열어준 인생 학교에 참여하는 것만 같다. 나이가 들어도 큰 웃음을 잃지 않는 법, 낯선 재료로 만드는 여러 나라의 요리법, 파티를 준비하고 사람들과 추억을 쌓는 법, 쇠약해지는 신체에 적응하며 일하는 법, 삶의 단계에 따른 부동산과 자산관리 법 등…. 며칠 그녀와 함께 살며 이야기를 나누는 것만으로 수많은 인생 레슨을 얻을 수 있어, 호주에 다녀오면 늘 두툼한 노트에 글이 가득 차 있다.

무엇보다 그간 쌓인 힘듦과 분노 혹은 기쁨과 자부심 등, 누구에게도 말하지 못했던 온갖 감정이 뒤섞인 삶의 이야기를 나눈다. 서로 듣고, 공감하며, 다시 행복을 되찾는다. 집 주변의 해

4장. 선원

변가에서 산책하고, 공원에 가서 캥거루와 코알라, 갖가지 새들을 보며 함께 웃고 치유의 시간을 보낸다. 그곳의 분위기는 변하지 않아서, 호주 엄마 집에만 가면 마치 20대로 돌아간 것만 같다. 용돈을 많이 드리러 가겠다고 다짐하지만, 늘 그보다 훨씬 많은 것을 얻고 돌아온다. 내가 그녀의 나이까지 살아 있다면, 나도 인생을 그녀처럼 잘 여물게 살아서 이런 인생 학교를 열고 싶다고 종종 생각한다.

최근 호주에 방문했을 때는 몇 개의 모임에도 함께 참석했다. 그녀의 남편은 헌팅턴병이라는 희귀한 병으로 25년 전에 돌아가셨는데, 그녀는 아직도 헌팅턴병 환자들의 모임에 참여해서 자신의 노하우를 나누고, 투병하는 사람들과 그 가족들에게 위로와 도움을 준다. 17년 전 유방암을 앓으실 때 만난 환우들과도 모임을 이어가며 같은 아픔을 가졌던 공감대를 놓지 않고 서로의 삶을 아름답게 응원하고 계신다. 이제는 워커가 없으면 혼자서 걷기도 어려운 상태지만, 곳곳에 운전해 다니며 이 많은 일을 하시는 것에 대해 그녀는 이렇게 말씀하셨다.

"너는 혼자가 아니야. 네가 겪는 고통, 시련, 아픔…. 똑같이 겪는 사람들이 있어. 이 사실을 아는 것, 그것이 너를 다시 살아가게 한단다."

멀리 가려면 함께 가야 한다

평생 선생님으로 아이들을 가르쳤고, 항상 즐겁게 사람들을 돌보며, 큰 웃음으로 파티를 여는 그녀에게도 무수한 고통의 시간이 있었다. 고통은 선한 사람이라고 해서 피해 가지 않는다. 그러나 선한 사람은 그 고통마저도 화합과 선의의 기회로 삼는다.

그녀는 이제 집을 자체 '국제 센터'로 만들어서 혼란한 조국을 떠나 호주로 오는 이민자 가족들이 그곳에 잠시 머물며 다음 단계를 준비할 수 있도록 도와주는 작은 비즈니스를 운영하고 계신다. 남편과 사별하신 후 혼자 덩그러니 남아 계셨던 큰 집에 다시 사람들이 붐비니 오히려 이전보다 에너지가 넘치신다. 이웃 사람들이 먹을 것을 들고 집에 찾아오는 경우도 잦으니, 식사 시간이 단번에 만찬이 되고는 한다. 머무는 동안 호주 엄마와 함께 사람들을 환대하고, 포옹으로 맞이하며, 지구촌의 사람들에게 사랑을 나누어주는 일이 그렇게 기쁠 수가 없었다. 나도 이렇게 살아야지… 30년째 같은 생각을 하게 만드는 나의 소중한 멘토님이다.

 인생의 멘토는 언제 어디서 어떻게 만날지 모른다. 삶 자체가 학교가 되는 사람을 만나면, 온 마음으로 그 빛을 받아들이자.

자신의 배를 운전하는 선장으로
아이를 키우는 법

로베르토 베니니 Roberto Benigni 감독의 〈인생은 아름다워〉라는 이탈리아 영화가 내겐 정말 감명 깊었다. 끔찍했던 홀로코스트 시절, 나치에 끌려가 죽을 날을 기다리고 있으면서도 아빠는 아들에게 무서운 현실을 보여주지 않으려고 최선을 다한다. 이 모든 상황이 게임인 것처럼 꾸며내 아들이 살아남도록 돕고, 마지막 죽음의 순간까지도 아들 앞에선 우스꽝스러운 개그를 보여준다.

"삶은 아름다워, 그 안에서 우리는 웃어야 해."

주인공인 아빠 귀도가 하는 말이다.

나 역시 아이들에게 세상의 아름답고 즐거운 면만 보여주고 싶어 '엄마 개그맨'을 자처하며 살아왔다. 그러나 실상은 그렇지가 않다는 것을 너무 잘 알아, 앞으로 아이들이 겪게 될 일들을 생각하면 벌써부터 마음 한 편이 짠하고 아리다. 그런데 아이들도 그 시간들을 겪어내야 세상에 온 목적을 감당할 수 있는 사람으로 자라날 것이기에, 나는 그저 옆에서 조용히 응원봉을 흔들어주는 엄마가 되고자 한다.

아이를 뛰어난 인재이자 훌륭한 인간으로 키운다는 것은 어려운 임무고, 부모마다 아이마다 상황은 모두 다르기에 누구에게도 어떻게 양육하라고 말하지 않는 편이다. 게다가 나는 계속 일을 하며 한두 달에 한 번씩 해외 출장으로 사라졌던 엄마라, 아이들이 어릴 때 많은 시간을 보냈다고 말하기도 어렵다. 그래도 퇴근을 하고 나면 바로 유치원 선생님으로 변신해서 저녁을 만들어주고, 학교 놀이를 하고, 동화를 읽어줬다. 되도록 아이들을 다그치거나 몰아치지 않고 키운 탓에 학업 성적의 잣대로는 대단한 성취를 이루지 못했을지 모르지만, 건강한 사고를 가지고 사람들과 원만하게 지내며 부모와도 좋은 관계를 가진 아이들이 되었다.

무엇보다 자신의 일을 스스로 독립적으로 하는 아이들로 컸다. 엄마, 아빠가 늘 각자의 출장지로 사라지는 바람에 자기 자신을 잘 챙기며 사는 법을 알아서 익힌 것 같기도 하고, 무슨 일을 하더라도 스스로 결정할 수 있게끔 놓아두고 내가 별로 개입한 적이 없어서 자립심이 생긴지도 모르겠다.

첫째 딸아이가 태어났을 때, 아이의 등이 부풀어 올라서 중환자실에 입원해 추적 관찰을 해야 했다. 죽을 수도 있고, 살아도 걷지 못할 수도 있는 절박한 상황이어서 나는 그때 산후조리는 고사하고, 걱정으로 몇 날 며칠 잠을 못 이루었다. 아이는 중환자실에서 일주일을 보냈는데, 다행히 오진으로 판명되어 나는 일상으로 돌아갈 수 있었고, 딸은 오늘날까지 건강하게 컸다. 이후에 우리에게 주어진 일상, 딸과의 시간이 얼마나 귀한 보너스로 느껴졌는지 모른다.

둘째 아들은 말을 또래보다 비교적 늦게 시작했다. 아이들의 발달 문제는 일하는 엄마들에게 항상 본인의 책임인 거 같은 죄책감을 가져다주어, 나도 불안하고 힘든 시간을 보냈다. 지금은 밥을 먹을 때마다 나에게 일장 연설을 들려주는 아들이라 그때의 기억은 웃으며 이야기할 수 있는 농담거리가 되었지만 말이다.

아이들을 키우는 과정은 넘어야 할 산과 강으로 빼곡하다. 아이들이 아플 때도 병실에서 컴퓨터를 끼고 일하거나, 아픈 아이를 두고 눈물을 흘리며 출장을 떠나야 하는 엄마였으니, 늘 일과

멀리 가려면 함께 가야 한다

가정 사이에서 동동거리며 살았던 엄마를 잘 이해하고 따라준 아이들에게 고마울 따름이다.

그래서인지 나는 아이들에게 기준을 높이 두지 않는다. 살아준 것이 고맙고, 말을 해준 것이 고맙다. 기준은 자신이 스스로 설정하고 노력해야 하는 것이지, 부모가 다그친다고 되는 것이 아니다. 어떤 아이들은 공부에 재능이 있고, 어떤 아이들은 다른 것에 재능이 있다. 잘하는 아이가 되는 것도 중요하지만, 좋은 아이가 되는 것도 중요하다.

단 하나 내가 꼭 가르쳐주고 싶었던 것은, 무엇을 하든 자기 주도적으로 열심히 최선을 다하는 태도였다. 조선시대 서예가 한석봉의 어머니가 "너는 글을 쓰거라, 나는 떡을 썰 테니"라고 말했다는 전설처럼 어려서부터 나는 나의 일을 하고, 아이들은 아이들의 일을 하게끔 했다. 그 시절에는 엄마가 아이들을 돌보지 않고 밖에 나가서 일한다고 날 나무라는 어르신들도 가끔 계셨다. 하지만 엄마만의 세계가 있는 것이 결국에는 아이들에게도, 나에게도 좋을 거라는 생각에는 변함이 없었다.

"우리 가족의 심장이자 세상에서 가장 소중한 엄마, 생일을 진심으로 축하해요. 사랑해요."

아이들이 이렇게 말해준 날, 나는 이불을 뒤집어쓰고 울었다. 귀도의 대사가 다시 떠오른다. "사랑은 모든 것을 이긴다." 두고두고 평생 기억할 수 있는 엄마, 아빠의 사랑이 있다면 아이들은 결코 자신의 중심을 놓지 않고 힘차게 살아갈 것이다.

아이들이 정서적으로 안정되고 정신적으로 건강해서 사회의 일원으로 밝게 살아갈 수 있기를, 자신이 하는 일로 타인에게 도움이 될 수 있기를, 인생 항해길이 늘 화창하지만은 않더라도 자기만의 궤도를 유쾌하게 그려가며 '인생은 아름다워'를 마지막에 외칠 수 있기를, 온 마음으로 소망한다.

 삶의 폭풍 속에서도 아이들을 조용히 응원하는 부모의 사랑은 가장 강력한 나침반이 된다. 그 견고한 지지 위에서 아이들은 자신만의 배를 짓고, 자신만의 항로를 개척할 힘이 생긴다.

멀리 가려면 함께 가야 한다

함께이기에 가능한
삶의 기적

아직 어린 아이들과 미국으로 2주간 가족 여행을 갔을 때였다. 밤에 렌트한 차를 몰고 그랜드 캐니언에서 자이언 캐니언으로 가고 있는데, 갑자기 네비게이션의 연결이 완전히 끊겨버렸다. 난생처음 간 길 위에서 목적지와도, 세상과도 완전히 단절된 기분이었다. 지평선에 저물어가는 노란색 노을만 보이고, 가로등도 하나 없이 사방은 깜깜한데 우리는 그저 망망한 사막에서 무조건 앞으로 전진만 했다. 해가 완전히 지고 난 후에는 바로 앞의 3~4미터를 비추는 헤드라이트만 따라 갔다. 만약 그 순간에 혼자였다면 정말 무서웠겠지만, (사실 가족과 함께 있어도 무섭기는 했다) 그래도 우리는 넷이니까 대화할 수 있었다.

"엄마, 우주에 우리 가족밖에 없는 느낌이에요!"

처음에는 길을 잃은 듯 무서워하던 아이들도 우주에 온 것 같다고 소리를 지르며 이 신기하고 아름다운 순간을 즐겼다. 조금 무섭긴 해도 환호도 질러보고 한 마디씩 웃긴 말도 해가며 서로 손을 잡고 긴 길을 통과했다. 그러다 보니 어느덧 마을이 보이기 시작했고, 드디어 안도의 숨을 내쉬었다.

그때 이게 바로 함께하는 가족의 의미구나, 하고 생각했다. '어떤 상황에도 나와 평생 함께 있어주는 사람들.' 어떤 일이 있어도 내 편이 되어주는 남편과 우리를 닮은 아이들까지 함께라면 무섭고 어두운 인생 길도 이렇게 추억으로 만들 수 있다. 가족들에게 가장 고마운 것은 나와 시간과 공간을 공유하며 살아가고 있다는 사실, 바로 그 자체다.

혼자인 것이 더 편안한 사람이라면 꼭 결혼을 할 필요는 없겠지만, 나처럼 함께 의논하며 삶을 일구어갈 팀을 원하는 사람이라면, 결혼으로 낼 수 있는 시너지는 정말 크다. 물론 결혼을 해서 자녀를 두는 것은 엄청난 책임감과 헌신을 요구하기에 고민과 걱정, 인생의 과제가 두 배, 세 배가 아니라 두 제곱, 세 제곱으로 늘어난다. 그럼에도 불구하고 가족이 인간의 원초적인 외로움을 해소해주고, 매정하고 냉정한 세상에서 안식처가 되어줄 수 있는 최고의 구조임에는 틀림없다.

그런데 그게 되지 않는 가족, 오히려 가족이 상처가 되고 짐이 되는 경우도 많다. 그럴 때는 가정이 지옥이 될 수 있다. 다양한 가족을 직간접적으로 경험해보면서, '결혼을 위한 학교가 있었으면…', '부모가 되는 것도 자격증이 있었으면…' 하고 생각하게 된다. 결혼과 육아에 딸려오는 큰 책임과 의무에 비해 이를 대비해주는 교육은 거의 없다. 진로를 정하고 직업을 가지는 것에만 긴 교육 기간을 쏟아붓고, 그만큼 인생에서 중요한 가치를 지니는 가정을 이루는 것에는 별다른 교육이 없는 현실이 아쉽다. 결혼 적령기가 되어서, 그저 감정적인 사랑에 빠져서가 아니라, 조금 더 크고 긴 호흡으로 결혼을 바라보고 준비할 수 있다면, 가장 든든한 인생 응원단을 가지게 될 것이다.

남편은 내가 하고 싶은 일을 할 수 있도록 항상 날개를 달아주고, 같은 가치관으로 아이들을 함께 양육해준다. 걱정이 많은 나에게 남편은 항상 긍정 예방 주사를 놓아준다. 지나치게 낙관적인 남편에게 나는 현실적으로 냉철하게 고려해야 할 부분을 알려준다. 그렇게 한쪽으로 치우치지 않게 서로를 받쳐주면서 멋진 이인삼각을 하고 있다.

가족은 단지 정서적 관계일뿐 아니라 경제 공동체이기도 하다. 인생이라는 게 개인의 거대한 스타트업이라고 말한다면, 결

혼은 사랑을 바탕으로 하는 특이한 공동 스타트업이라고도 볼
수 있다. 대신 이 험난한 세상을 함께 헤쳐가기 위해 만든 공동
체라는 걸 기억하고 개인의 탐욕이 앞서지 않도록 늘 조심해야
한다. 가족이 진실한 유대감을 저버린 채 경제적인 이해관계로
만 전락해버리는 것은 세상에서 가장 쓸쓸한 일이니까 말이다.
오랜 세월을 함께해야 하는 만큼 잘 운영해서 키워나가야 하고,
더 나아가 좋은 가치를 빚어내어 아름답게 대를 물릴 수 있다면
그야말로 성공적인 스타트업일 것이다.

우리집에는 결혼할 때부터 지금까지 남편과 함께 관리하고
있는 포트폴리오가 있다. 간단히 말하자면 가계부 같은 것인
데, 전체 자산 관리와 손익 계산서가 다 들어 있는 우리집 재무
제표다. 이 엑셀표를 매달 함께 정리하며 우리는 지금 경제적으
로 어떤 위치에 있는지를 가늠하고 논의한다. 우리집 경제 토크
시간인데, 이런 시간을 스트레스로 받아들이기보다 발전의 과
정이라고 생각을 전환하는 것은 인생에 큰 도움이 된다. 금수저
로 태어나지 못한 운명을 한탄하는 대신 세상 돌아가는 것을 열
심히 공부하고, 몸으로 부딪치면서 경제 방향을 계속 고민하니,
우리는 처음보다 많이 성장했다.

혼자라면, 혹은 아이들이 없다면 돈 관련 문제는 훨씬 간단
하지 않았을까 싶지만, 부모라면 마땅히 감당해야 하는 책임감

멀리 가려면 함께 가야 한다

일 뿐이다. 나이가 들어가며 이 표는 더욱 복잡해지고, 늘어나는 숙제를 어떻게 감당해야 할지 고민은 깊어지지만, 그럼에도 변함없이 이 시간은 내게 부담보단 기쁨이다. 노동으로 소득을 얻을 수 있는 시간은 모래시계처럼 줄어들고 있고, 자연스럽게 인생의 겨울이 다가오고 있으니, 이를 개미처럼 대비하고 있다. 우리 가족을 넘어서서 주변과 조금이라도 나눌 수 있는 삶을 위해 우리집 경제 토크 시간은 여전히 진행 중이다.

가족이 되어 살아가는 것은 하늘이 내려준 특별한 증서 같다. 결혼을 하고 아이를 낳아서 내가 크게 덕을 본 게 있나 객관적으로 따진다면 그렇지 않을 수도 있다. 그러나 손해 본 것만 생각하는 건 불행으로 빠지는 지름길이다. 가끔 가족이 나를 힘들게 하는 일이 생기면, 만약 우리 가족이 어느 날 갑자기 사라진다면 어떨지 상상해보곤 한다. 그러면 단박에 슬퍼지니, 역시 내게 이 가족은 그저 존재만으로 감사해야 하는 인연이다.

끝이 보이지 않는 험한 항해길에서 가족은 그 자체로 가장 든든한 안식처가 되어준다. 그러나 그런 가족이 되기 위해서는 함께 호흡을 맞추는 연습이 꼭 필요하다.

용서는 나에게 주는
최고의 선물이다

예측할 수 없이 화를 쏟아내는 다혈질 성격과 상대방을 교묘하게 거슬리게 만드는 커뮤니케이션 방식으로 같이 일하는 사람들을 꽤 힘들게 하는 동료가 있었다. 그런데 어느 날, 나는 회식 자리에서 그분의 이야기를 잠깐 듣게 되었다. 부모님의 사정으로 할머니 손에 컸던 이야기, 어두운 과거가 슬쩍 비쳐 지나갔다. 짧게 들어서 자세히 알 수는 없어도, 뒤얽힌 분노가 내면을 긁어 지속적으로 상처를 내고 있고, 그런 것들이 사회생활에서 불쑥불쑥 튀어나오고 있다는 것이 감지되었다.

그다음 날부터는 나보다 나이가 몇십 년 더 많으신 분이지만 측은한 마음을 가지고 대했고, 공감의 표시도 자주 해드렸다. 그랬더니 한결 부드러워지셔서 같이 일하기가 편해졌을 뿐 아니라 결정적인 순간에 나에게 도움을 주시기도 했다. 이후로는 대하기 어려운 사람을 만나면, 모종의 이유로 내면에서 자기 자신과 싸우고 있으리라 짐작하곤 한다. 내가 헤아릴 수 없는 어마어마한 스토리와 상처가 있겠지. 나도 그러니까.

그렇게 존중의 마음으로 대했는데도, 끝없이 무례했던 사람들도 있다. 정말 직장을 그만두고 싶을 만큼 날 힘들게 했던 사람들도 있다. 그중 몇 사람은 세상을 떠났다. 타인을 어떻게든 깎아내리고 자신의 이익만을 챙기기 위해 아등바등했는데, 그런 소모적인 일은 대체 왜 한 건지…. 참으로 덧없는 시기와 질투, 욕심이라는 생각만 들었다. 그가 내 인생에서 사라지기를 간절히 바라던 때도 있었지만, 막상 그의 부고를 들었을 때는 측은한 마음과 허무함이 밀려왔다. 그 소식을 바다 건너 친구들이 전해주며 내가 힘들었던 이야기를 살짝 꺼냈지만, 나는 그냥 이렇게 답했다.

"괜찮아. 나는 그를 용서했으니까."

"성공의 열쇠가 무엇인지 아시나요?"

잭 캔필드가 교육 중에 물었다. 우리는 과연 어떤 결정적인 단서가 나올지 두근두근 기대를 했는데, 이런 허무한 답이 나왔다.

"바로 용서입니다."

용서하지 못할 때, 성공적인 삶은 나에게서 저항하며 멀어져 간다고 잭 선생님은 말했다. 용서는 그 사람의 잘못이 괜찮다고 순응하는 것이 아니라, 그 일을 나와 무관한 일로 잘라내는 행위다. 즉, 용서는 나를 살린다. 용서하지 못하고 계속 분노를 품고 사는 것만큼 나를 곪게 만드는 것이 없다. 내 마음의 평화를 얻기 위해, 성공적인 삶을 일구어가기 위해, 행복하지 못했던 과거는 잊고, 힘들게 했던 그 사람에게 작별을 고한다. 용서가 최고의 보약이다.

마음의 상태는 우리의 외형적인 모습에도 큰 영향을 끼치니 주의가 필요하다. 좋은 관계를 맺고 사는 사람이 나이보다 훨씬 더 어려 보인다는 연구 결과도 있다고 한다. 분노, 미움, 분쟁, 다툼은 우리에게 독이 되는 무거운 물질이다. 무거우면 중력의 법칙에 따라 계속 처지고 노화가 진행된다. 대신 평화와 기쁨, 긍정과 우정은 가벼운 디톡스이고 방부제다.

물론 나에게도 상상하기 어려운 크기의 분노가 끓어오를 때가 있다. 미국의 사회복지 교수이자 유명한 작가인 브레네 브라운은 분노를 느낄 수 없다면 기쁨도 느끼지 못한다고 했으니, 내 분노는 내가 생생한 감정을 가진 정상적인 사람이라는 뜻일 것이다. 신을 만난다면 그분에게 따져 묻고 싶은 일들이 참으로

멀리 가려면 함께 가야 한다

많지만, 매일 용서하기에 다시 살아갈 수 있다. 용서와 웃음으로 마음의 무게를 가볍게 만들면 우리는 나이보다 훨씬 어려 보일 것이며 기품 있게 온화한 사람이 되어갈 것이다.

마지막으로 내가 하려고 노력하는 가장 어렵고 가장 중요한 용서는, 나 자신에 대한 용서다. 타샤 할머니도 가만히 앉아 있으면 일생 동안 저지른 온갖 실수가 떠올라 괴롭다는 이야기를 썼으니, 우리는 모두 후회를 안고 사는 불완전한 인간이다. 다 떠날 수 있어도 마지막날까지 결코 떠날 수 없는 사람이 있는데, 바로 나 자신이다. 그녀를 용서하고 그녀와 잘 지낼 수 있기를 오늘도 바란다.

 용서는 흐르는 물 같다. 물을 움켜쥐면 썩고, 흘려보내면 맑아진다. 미움의 돌덩이를 내려놓을 때 마음의 강은 다시 노래하기 시작한다.

사람이 숫자가
되지 않도록

　나는 꽤 오랜 시간 기업을 위한 맞춤 시장 보고서를 작성하는 일을 했다. 모든 경제활동은 사람이 하는 것이라서 보고서에는 사람에 관한 숫자가 많았다. 나라의 전체 인구는 기본이고, 도시별 인구, 소득별 인구, 소비력을 가진 인구, 시장의 규모와 종사자의 인구, 수출입 통계 등 사람과 사람이 만들어내는 가치를 숫자로 표시해서 보고서를 만들곤 했다. 새로운 나라에 진출한다면 그곳의 생활양식, 사고방식까지도 수치로 표현했다. 행복, 평화, 환경 같은 숫자로 환산하기 어려워 보이는 것들조차 지수로 숫자화하여 상대적 비교가 가능하도록 만들었다.

　요즘은 시장 보고서가 아니더라도 사람이 전부 온라인상의 숫자로 변한 것만 같다. 100만 유튜브 채널은 꽤 크다고 느끼지만 1000명 구독자는 적어 보인다. 실제로 현실에선 1000명도 어마어마한 숫자인데, 온라인의 숫자로는 별로 힘을 쓰지 못하는 것이다. 온라인 친구가 500명 있는 사람은 인간 관계가 풍요로워 보이지만 20명 있는 사람은 아웃사이더처럼 보인다. 내가 올린 소셜미디어 게시물에 하트가 많으면 기분이 좋고, 적으면 기분이 나빠진다.

그런데 실제 인간 관계에서 사람을 통계 자료로, 온라인상의 수치로 바라보면, 오류가 생긴다. 단 한 사람이라도 인간은 심오한 이야기가 깃들어 있는 존재이기 때문이다.

사람이 오는 것은 한 사람의 긴 일생이 오는, 실로 어마어마한 일이라는 정현종 시인의 시가 있듯이, 한 사람과의 만남은 정말 무거운 일이다. 그 만남에는 수십 년간 켜켜이 누적되어 온 경험과 사고의 각도, 그리고 단번에는 절대 파악할 수 없는 깊은 이야기가 들어 있다. 어떻게 내가 잠깐의 만남으로 사람을 함부로 판단할 수 있을까. 내겐 그럴 자격이 전혀 없다. 다만 배울 수 있는 부분을 찾고자 할 뿐이다.

"우리나라에서는 사람을 만날 때 절대로 사는 지역이나 종교, 정치적 성향에 관한 것들을 묻지 않아요. 듣는 순간 경제적 서열을 매기게 되거나, 혹은 배타성을 가지게 되기 때문이죠.

그 사람 자체의 인격과 관계를 맺어야 해요."

남아프리카 공화국 출신의 마리 교수님이 나에게 해준 이야기를 나는 잊지 않는다. 그녀는 정말 끝까지 자신이 어디에 사는지를 말하지 않았다. 그 사람의 인기나, 사회적 위치, 경제적 여유같이 수치로 표현될 수 있는 여러 조건과 그로 인해 생길 수 있는 편견을 배제하고, 사람 그 자체로 관계를 맺는 것. 나 또한 그것을 실천하려고 부단히 애쓰고 있다.

그 덕분인지 예전에 동료 한 명이 나에게 'welcoming per-sonality – 사람을 환영하는 성격'을 가졌다고 말해준 적이 있다. 나의 두 번째 책인 《우리를 다시 살아가게 하는 시간》의 부제인 하트워킹 Heartworking 은 진심을 다해 일한다는 뜻으로도 썼지만, 마음을 나누며 관계를 맺는다는 중의적인 의미로도 만든 단어였다. 네트워킹이 곧 힘이 되는 직종에서 일했기에 떠오른 단어이기도 했다. 비즈니스나 외교적으로만 관계를 맺은 사람들은 단기 목표에 관해서는 도움을 주고받지만 인간적으로 오래 가는 관계가 되는 경우는 드물었다. 반면 하트워킹, 마음을 나누며 진실한 교류를 했던 몇몇 사람들과는 잠깐의 비즈니스를 넘어서 인생의 다방면에 도움을 주고받는 장기적인 협력 관계가 되었다.

멀리 가려면 함께 가야 한다

글로벌 컨설팅을 하면서 나는 전 세계의 수많은 사람을 만났다. 내가 편견 없이 사람 대 사람으로 다가가는 것이 느껴졌는지, 고고해 보이는 CEO들이 자신의 인생, 아픔, 꿈을 털어놓는 경우도 있었다. 화려해 보이는 그들의 겉모습만 봤다면 절대 알 수 없었을 명암을 들여다본 덕분에 그 기업에게 더 세밀하고 정확한 컨설팅을 할 수 있었다. 그리고 그런 사람들은 고객사로 만났어도 수십 년째 관계를 유지하는 우정으로 남기도 했다. 나는 지금도 사람을 만나며 돈을 벌지만 사람이 돈이라는 숫자가 되지 않도록 늘 마음에서 경계한다. 상대가 내게 얼마를 지불하든, 보이지 않는 훨씬 더 큰 가치를 넘겨주고 싶다. 그러면 내게도 받은 돈 이상의 가치가 남는다.

또 한편으로는, 빈곤 오지 지역에 봉사활동을 가서 그곳의 어린 아이들과도 교류를 했다. 나이든, 경제적 안정이든, 수치적으로는 내가 나았을지 모르지만, 그 아이들에게도 배울 것이 얼마나 많았는지 모른다. 신발이 없어 맨발로 걸어 다녀도 해맑게 웃을 수 있는 아이들에게서 나는 학교나 일터에서 배우지 못한 인생 수업을 받고는 했다.

나는 그렇게 만났던 사람들의 이야기, 그리고 그들이 내게 남겨준 힘이 되는 메시지들을 보물처럼 붙잡아 마음속 '격려 폴더'

에 저장해두었다. 그 말들이 내가 절망에 빠지지 않고 지금까지 걸어오도록 지탱해줬고, 때로는 내가 나를 함부로 판단하지 않도록 도와주기도 했다. 이제는 적금 통장처럼 쌓여, 세상에 비길 데 없이 가치 있는 모음집이 되었다. 세상의 화폐 단위가 달러, 원화, 유로가 아니라 사랑, 우정, 환대였다면 나는 단연코 부자일 것이다.

 사람을 수치가 아닌 한 편의 이야기로 마주하는 일은, 헤아릴 수 없는 가치를 남기는, 세상에서 가장 풍요로운 경험이다.

1. 나에게 멘토가 되어준 사람이 있나요? 꼭 실제로 만난 인물이 아니어도 영감을 주는 사람이 있다면, 어떤 점을 닮고 싶은지 적어보세요.

> ex) 호주 엄마. 나이가 들어도 엄청난 에너지로 새로운 일을 시작하고, 다른 사람을 돕는 모습을 닮고 싶다.
>
> 타샤 튜더. 끝까지 생산적인 일, 좋아하는 일을 하는 그녀처럼 늙어가고 싶다.

2. 내가 함께 일하고 싶은 사람들은 어떤 사람들인가요? 그들과 어떤 방식
으로 일하고 싶은가요?

> ex) 서로를 인간적으로 존중하고, 책임 있게, 열정적으로 일하는 사람
> 들과 함께하고 싶다. 때로는 친구처럼, 그러나 일은 프로페셔널하
> 게, 서로 자극하고 도움을 줘서 성장하며 일하고 싶다.

3. 내가 꿈꾸는 이상적인 가정은 어떤 모습인가요?

> ex) 부부는 같은 삶의 목표를 가지고 있고, 경제 상황을 투명하게 공유
> 하며, 아이들은 각자의 인생을 스스로 결정해 나가는 가정.

4. 나를 떠나갔거나 내가 떠난 사람 중 아직도 내가 온전히 보내주지 못한
   이가 있다면, 그를 놓아주는 글을 써보세요. 용서를 선택하면 자유로워
   질 수 있어요.

> ex) 이제는 거의 다 잊었지만, 그래도 당신이 그곳에서는 평안하게 지
> 냈으면 좋겠어요. 다른 사람에게 휘두를 과거의 아픔과 상처 없이,
> 그저 평안하고 고요하게 잘 지내기를 바랍니다.

5. 마지막으로, 내 배에 태우고 갈 선원 명단과, 그들과 함께하고 싶은 이유를
   적어보세요.

항구

새로운 항해를 위한 회복의 시간

바다는 끝없이 넓고, 파도는 쉬지 않고 밀려오며, 인생 항해길은 길다. 지친 날에는 잠시 항구에 닻을 내려 쉬어 가야 하는 이유다. 목적지에 빨리 도달하기 위해 끊임없이 달리는 것만이 능사가 아니다. 상처 난 돛을 기워 매고, 지나온 바다를 되돌아보며, 나아갈 방향을 다시 살피는 시간이야말로 안전하게 바다를 건너는 비결이다.

그렇게 잠시 멈추어보면, 내 배와 목적지, 항로, 선원들의 모습이 새롭게 눈에 들어온다. 얼마나 아름다운지 그 가치가 다시금 느껴지고, 내게 소중한 그것들을 지키기 위해 다시 한번 돛을 올릴 용기도 솟는다.

생의 마지막 순간까지 항해는 계속된다. 당신의 항해가, 끝까지 가슴 뛰는 여정이기를 바란다.

> **"겨울의 한가운데에서 비로소 나는**
> **내 안에 꺼지지 않는 여름이 있음을 발견했다."**
>
> Au milieu de l'hiver, j'ai découvert en moi un invincible été.
>
> — 알베르 까뮈

모든 삶은
흔들리며 나아간다

“우리 가족은 베트남전쟁을 피해 배를 타고 호주로 왔어요. 그때 저는 두 살이었죠. 부모님 이야기를 들으니, 난민들로 가득 찬 배는 아수라장이었다고 해요. 곳곳에서 아기들은 울어대고, 배는 고프고, 씻을 수도 없고, 제대로 가고 있는지 불안에 계속 떨어야 하는 절체절명의 항해였대요. 아이들이 너무 울어서 배 안이 견딜 수 없이 시끄러워지자 ‘심하게 우는 두 살 이하 아기들은 배 밖으로 던져버려!’라는 명령이 내려졌대요.”

크리스틴의 강연을 집중해서 듣던 나와 청중은 모두 다 소스라쳐서 손으로 입을 막으며 놀람의 비명을 삼켰다.

“그래도 제가 살아남아서 여기 있는 걸 보면 덜 울었나보죠? 하하.”

그녀는 별일이 아니라는 듯이 유쾌하게 웃으며 말했지만, 그때의 상황이 인간이 견디기 어려울 만큼 끔찍했으리라는 사실은 자명했다. 그러나 그녀의 고난은 거기서 멈추지 않았다.

"… 제가 열일곱 살이 되던 어느 추운 날, 아버지가 이웃집에서 작은 온열기 하나를 빌려 오셨어요. 그런데 그날 밤 우리집은 그 온열기로 인해 온통 불타고 말았어요. 우리 가족을 따뜻하게 해주려고 가져오신 그 작은 불씨가 순식간에 모든 것을 잿더미로 만든 거죠. 엄마는 베트남전에서 형제자매를 한꺼번에 세 명이나 잃었고, 낯선 나라에 와서 지금껏 힘들게 삶을 일구어왔는데, 다시 온 가족이 쌓아온 터전을 잃었어요. 망연자실할 수밖에 없었죠. 그래도 다행히 가족들은 살아남았어요."

그 시련 가득한 긴긴 세월을 15분으로 축약하는 강연은 너무도 짧았다. 삶이 사람을 얼마나 세차게 때릴 수 있는지, 영화 같은 실화를 살아낸 사람이 직접 말하는 걸 들으니 가슴이 저려왔다. 더 잘해보려는 노력, 가족들을 더 따뜻하게 해주려던 그 좋은 마음이 모든 것을 잃게 만들 수도 있다는 게 삶이라니, 씁쓸했다.

지금 크리스틴은 아이 넷을 키우며 자신과 같은 난민들이 새로운 곳에 잘 정착하도록 돕고 있다. 게다가 기업들의 성장을 도와주는 비즈니스도 여러 개 소유하고 있는 당당하고 성공적인 커리어우먼이다. 대체 어떻게 모든 것이 휩쓸려 나가는 경험을 반복적으로 하고도 인생을 또 다시 재건할 수 있었을까. 아마 그녀의 인생을 자세히 들여다보면 대하 소설 같으리라. 그런데 세계를 돌아다니다 보면 그런 비극의 시기를 견뎌낸 많은 보통의 사람들이 크리스틴처럼 다시 일어나 살아가고 있다. 꼭 해외로 나가지 않더라도, 격정적이었던 한국의 근현대 시절을 통과한 이들도 주변에 모래알처럼 흩어져 있다. 그러니 인류는 보통의 강인함을 넘어서는 그 어떤 생명력을 가지고 있다는 생각이 든다.

내가 좋아하는 미국의 시인 사라 케이_{Sarah Kay}는 '말하는 시_{spoken poetry}'라는 장르에서 활동해서, 무대에서 시를 공연한다. 그녀가 말하는 〈B〉라는 시에는 이런 구절이 있다.

"나의 딸은 곧 알게 될 거예요.
이 삶이 우리를 아주 세게, 그것도 바로 우리의 눈앞에서, 정말 세게 칠 거라는 사실을 말이에요. 그리고 겨우 다시 정신을 차리는가 싶으면 기다렸다는 듯이 또 한 번 폐부를 찌르며 우리를 걷어찰 거라는 사실도요.
하지만 바람을 맞고 쓰러지는 것은 당신의 폐가 얼마나 공기의 맛을 좋아하는지 상기시키는 유일한 방법일 뿐이에요.

(…)

당신의 장화가 비로 가득차고, 실망감으로 무릎을 꿇게 되는 날, 바로 그런 날들이 오히려 "감사합니다"라고 말해야 할 날이랍니다. 왜냐하면 아무리 매번 멀리 보내지더라도 파도는 해안선에 키스하는 것을 멈추지 않고, 그보다 더 아름다운 것은 세상에 없기 때문이죠."

이 시를 나는 수없이 듣고 또 돌려 들었다. 나만 그런 것이 아니라 다른 사람들도 이렇게 맞고, 겨우 일어서면 또 맞아 넘어지는 때가 있다는 그 잔인한 인생의 보편성이 나를 위로했고, 덕분에 다시 일어날 수 있었다.

역사적 분쟁에 맞고, 사람들에게 맞고, 질병과 각종 상해에 맞고, 천재지변에 맞고, 돈에 맞고, 사건에 맞고, 실패에 맞고…. 정신없이 쓰러졌다 일어서고, 또 무너졌다 일어서며 사람들은 살아간다. 크리스틴의 가족사는 그래서 시리도록 아프지만 눈부시게 아름답다고 느껴진다. 그들은 매몰차게 거절하고 밀어내는 삶의 해안선에 다시 한번 다가가 부딪치고, 포기하지 않고 인생을 가꾸어가며 풍랑을 이겨내고 또 이겨냈다. 그 오뚝이 같은 인생 속에서 자라난 크리스틴은 이제 무대 위에 우뚝 서 사람들에게 다시 일어서라고 강연을 하는 사람이 되었다.

인격은 고요함과 평화로움 속에서만 만들어지지 않는다. 태풍과 파도가 거세게 긁고 간 자리에 분노, 무례, 미움, 원망 같은 부정적인 퇴적물을 쌓지 않고 인내, 용기, 회복과 사랑을 비축할 때 비로소 온유한 인격을 가진 사람이 된다. 나는 이제 삶의 풍파가 자주 오는 사람은 인격을 형성할 분기점을 여러 번 맞이하는 것이라서, 더 섬세하고 고귀하게 자신을 조각할 수 있는 기회가 주어지는 것이라고 여긴다. 흠 없이 완벽한 나를 만드는 것이 아니라, 흠이 여기저기 나 있지만 아름답고 독창적인 나만의 정체성을 빚어내며 나아가고 있다.

삶은 우리를 거듭 밀어내지만, 우리는 상처 속에서 강인함을 배우고, 잿더미 위에서 다시 빛나는 생을 빚는다.

항구를 만나면
쉬어 가야 한다

호주에서 열리는 국제 스토리텔링 컨퍼런스에 갔다가 아침을 먹는 카페테리아에서 '뜨개질 리트릿' 모임을 우연히 만났다. 그런 것이 있냐며 신기해하는 나에게, 며칠간 같이 모여 다양한 뜨개질 기술을 연마하는 워크샵이라고 설명해주셨다.

"우리는 스무 살에 만나서 뜨개질을 함께하기 시작했어요. 그런데 이제 예순 살이 되었으니 40년이나 지났네요. 정기적으로 머리 아픈 일상을 떠나 이렇게 며칠간 뜨개질을 함께 배우며 수다를 떨어요. 뜨개질이 조용한 활동인 거 같지만, 모여서 하면 스포츠처럼 재미있고 열띤 활동이랍니다."

내가 한국에서 왔다고 말하자 나도 보지 못한 K-드라마와 배우들 이야기로 시끌벅적해졌다. 나는 이야기라는 테마로 그곳에 갔는데 어떤 사람들은 뜨개질로 오기도 한다니, 쉬는 방법도 다양하다. 리트릿은 며칠간 여행을 떠나는 것을 말하지만, 대체로 그 시간을 통해 마음을 충전하고 배움을 얻으며 성찰한다는 의미가 포함되어 있다. 영어로 리트릿retreat 이라는 단어는 원래 후퇴, 철수라는 뜻인데, 일상과 돈을 버는 일에서 잠시 철수한 다음 충전 여행을 떠나는 것으로 단어의 의미가 더 확장되었다.

나의 초능력이 어디까지인지 알아보고 싶다면 아이를 낳아보면 된다. 할 수 없을 것 같았던 많은 일들을 해내고 있는 자신을 발견하게 될 것이다. 그런데 꼭 지치는 날이 온다. 일이 아무리 즐겁고, 아이들이 아무리 사랑스러워도, 끝없는 할 일들이 버거워지는 순간이 있다. 게다가 나는 아이들을 키우면서 출장을 많이 다녔는데, 떠날 때마다 남아 있는 가족이 걱정되고, 괜히 미안한 마음이 들고는 했으며, 출장 앞뒤로는 평소보다 배는 더 바쁘게 내 빈 자리를 메꿔야 했다. 그런데 지나고 보니 출장은 나와 가족이 장기적으로 건강하게 지내는 데 든든한 해법이 되어줬던 것 같다.

출장은 일이었지만, 항상 새로운 나라의 사람들을 만나고 새로운 문물과 환경을 경험하는 시간이기도 했으니, 나에겐 일과 여행이 합쳐진 워케이션workation 이었다. 숨이 차오르는 일상에

새로운 항해를 위한 회복의 시간

서 잠시 물러나, 리트릿을 떠났던 셈이다. 가족은 엄마의 부재를 경험하면서 고마운 마음을 가져주고, 나는 육아의 짐을 잠시 내려놓고 나 자신을 챙기고 홀로 사색하는 시간을 통해 행복함을 회복해서 돌아오고는 했다.

이 시간이 없었다면 얼마나 힘들었을까 하는 생각을 가끔 하곤 한다. 늘 함께 있는 가족도 좋지만, 가끔은 헤어져서 완전히 혼자가 되는 시간도 필요하다. (사람에 따라 다를 수 있지만, 적어도 나는 그랬다.) 그렇게 충전하는 시간이 있어야 다시 나의 가족과 사회적 가족들에게 돌아와 사랑을 나누어줄 수 있다.

해외 출장이 잦았던 덕분에 이런 생활이 가능하기도 했지만, 꼭 출장이 아니어도 가족들은 내 리트릿을 존중해준다. 엄마에게는 셀프 자유이용권이 1년에 한 번은 꼭 필요하다고 이전의 책에서도 쓴 적이 있는데, 아직도 나는 그것을 실천하고 있고, 가족들은 늘 당연하다는 듯이 그것을 전폭적으로 지지해준다. 행복으로 가득 차서 돌아올 나를 모두가 알고 있기 때문이다. 덕분에 지금은 여러 나라에서 개최되는 컨퍼런스나 세미나, 또는 인터내셔널 가족 모임에 참석하기 위해 혼자 여행을 떠나고는 한다. 이 시간을 확보하기 위해 나는 또 열심히 일해야 하지만, 그만 한 가치가 있다.

아이들이 어릴 때는 엄마가 어디에 있든, 무엇을 하든 사랑한다는 내용의 영어 동화를 아이들에게 자주 들려주었다. "Near or far, I love you. No matter what! – 가까이 있든지 멀리 있든지, 무슨 일이 있어도 사랑해." 아이들은 동화책의 이야기를 꾹 믿고, 또 엄마를 믿어주었다.

꼭 멀리 가야만 리트릿은 아니다. 우리 주변에도 아름다운 곳은 너무나 많고, 물리적으로 떠나지 않더라도 나를 사랑해주는 사람들을 찾아가 쉬는 것도 일종의 리트릿이다. 이 세상에는 내게 상처를 주는 사람도 있지만, 사랑해주는 사람들이 몇 배는 더 많다는 사실을 스스로에게 상기시키는 시간이다. 꼭 그들에게 내 힘든 일을 토로하거나 실질적인 도움을 얻지 않아도 된다. 그저 그 사람들과 시간을 보내면서 많이 웃으며 마음껏 사랑받고, 사랑하는 것으로 족하다. 그것만으로도 내 몸과 마음은 회복된다. 마음이 벼랑 끝에 있을 때 그렇게 단순한 리트릿으로 날 구해주는 이들은 정말 구세주 같다.

전부 대문자로만 쓰여진 영어 문장은 읽기가 어렵듯이, 매일 일요일인 삶이 좋을 것 같지만 실은 더 어려울 수 있다. 열심히 일하는 소문자가 한참 나온 다음에 크고 짧게 쉬는 대문자가 나오는 것이야말로 꿀처럼 달콤하다. 잠시 쉬어가는 휘게도, 며칠씩 일탈을 하는 리트릿도 부지런히 살았던 시간이 있어서 소중하게 다가오는 것이다. 온전히 나를 위해 재미있는 일만 하며 살면 행복할 것 같은데, 그렇지가 않다. 도움을 나눠줄 타인이 필요하고, 힘든 노력 끝에 무언가를 성취해내는 쾌감도 필요하다. 그래서 나는 돌풍처럼 항해하며 살다가 쉴 만한 항구를 만나면 한꺼번에 크게 쉬어간다. 그 균형 덕분에 번아웃에 빠지지 않고 살고 있는 듯하다.

영어 단어 중에 헤이븐 Haven 이라는 단어가 있다. 원래는 '항구'라는 의미의 단어였는데 14세기를 거치면서 안식처라는 뜻으로 변했다고 한다. 여전히 지명에는 항구라는 의미로 쓰이기도 하지만, 안식처라는 뜻이 더 강해졌다.

"옛날에 배가 갖가지 풍파를 헤치고 살아남아 항구에 들어온다는 것은 바다의 수난을 이겨낸 승리였어요. 항구에 정박하면 드디어 무사히 목적지에 도착했다는 안도감이 드니, 정신적인 안식처라는 상위의 의미로 변한 거죠."

짐바브웨에서 온 선생님이 해준 이야기 덕분에 헤이븐이라는 단어가 이전과는 다른 의미로 내게 다가왔다. 누구나 세상의 바다에서 부대끼며 흔들리는 배 위에서 살아남기 위해 애쓰고 있다. 그래서 잠시라도 항구에 들러 안식을 얻는 시간이 꼭 필요하다. 쉬는 법을 모르고 살았던 나를 위해서도 삶이 곳곳에 항구를 배치해두었듯이, 주위를 둘러보면 쉴 수 있는 항구들이 있다. 부디 그곳에서는 마음 편히 쉬고, 또 다시 살아갈 힘을 발견하길 바란다.

 휴식은 멈춤이 아니라, 다시 떠나기 위한 가장 지혜로운 준비다.

새로운 항해를 위한 회복의 시간

멈추는 용기,
다시 살아갈 힘

대학교 3학년 1학기 말, 기말고사를 한창 보고 있을 때 나는 맹장이 터질 뻔했다. 여름에 호주로 교환 프로그램을 가기 직전이라, 나는 학점을 잘 만들어놓고 떠나고 싶었다. 그런데 한 번도 경험해보지 못한 고통으로 배가 아프기 시작했다. 그런데도 병원에 갈 시간이 아까워서 기말고사가 끝나는 날까지 식은땀을 흘리며 혼미한 상태로 택시를 타고 학교를 오가며 시험을 봤다. 그러나 마지막 두 과목을 남기고 도저히, 도저히 더 이상 견딜 수 없는 정도에 이르렀다. 병원에 갔더니 맹장이 터지기 직전이라며 조금만 늦었어도 정말 큰일이 벌어졌을 거라고 했다. 나를 진료한 의사 선생님은 기가 막히다는 듯이 말했다.

"아니 자기 몸이 이렇게 고통스럽다고 외칠 때까지 참는 바보가 어디 있어요?”

지체할 시간이 없어서 진료를 마치자마자 바로 가운으로 갈 아입고 수술 병동으로 들어가야 했다. 나는 그 와중에도 교수님께 편지를 써서 친구에게 전해줬다. 아파서 시험을 못 보게 되었으니 중간고사라도 참작해서 학점을 달라는 그런 내용의 편지였다. 그때는 핸드폰이나 이메일도 없었으니 내 상황을 알릴 수 있는 유일한 수단이었던 것이다. 그걸 친구에게 전달하고 나서야 나는 비로소 수술에 들어갔다. 왜 그렇게까지 살았는지 지금 생각하면 정말 바보 같기도 하다.

“데비는 쉰다는 게 뭔지 잘 모르지?”

호주에서 교환학생으로 있을 때, 싱가폴 친구가 나에게 이렇게 물었다. 호주는 느긋한 나라지만, 나는 그 안에서도 통역과 번역 같은 일로 돈을 벌고 있었고, 한정적인 시간 안에 영어 실력을 빠르게 향상시켜야 한다고 생각하는 동시에, 최대한 많은 경험을 하고 싶어서 혼자 동분서주했다. 외로워도 한국 사람들과는 거의 만나지 않았고, 잘 때도 영어 라디오를 켜놓았다.

일을 하면서도 내 성향은 변하지 않았다. “데비는 부~잣집 남자랑 결혼했어도 열심히 일했을 거 같아. 사모님 안 하고.” 사회 생활을 하며 만난 동료들도 이렇게 말할 정도로 나는 한시도 쉬

새로운 항해를 위한 회복의 시간

지 않고 열심히 사는 것을 좋아했다.

그런데 우리 몸은 그렇게 쉼 없이 가도록 설계되어 있지 않았다.

안타깝게도 내 몸의 부품들은 다른 사람들보다 약하다. 어떤 직업이든 대부분 그렇겠지만, 컴퓨터와 핸드폰을 장시간 보며 일해야 하는 나에게, 연약한 눈은 치명적이었다. 모니터를 오래 보면 눈에 통증과 염증이 생겼고, 잠을 자기 어려울 만큼 아픈 적도 많았다. 도대체 내 눈은 왜 이러느냐고 의사 선생님께 절규하듯 물어보기도 했다. "글쎄요… 그냥 약한 눈을 타고 났다고 할까요. 눈은 진액이 있어야 하거든요. 그런데 너무 열심히 살아서 몸에 진이 다 빠져버린 거예요." 원인도, 치료법도 특별히 없었다. 그저 진이 빠진 나를 위해 쉬어주는 수밖에.

하루 종일 컴퓨터를 봐야 하는 일을 그만두고 작든 크든 모니터를 보는 시간을 줄였더니 눈은 훨씬 나아졌다. 그래도 여전히 조심조심 아껴가며 사용한다. 지하철에서도, 사무실에서도, 우리 모두의 눈은 모니터에 온종일 지배당하고 있지만, 그렇게 얼마나 오래 살 수 있을까. 눈은 꼭 쉬어주고, 아껴 쓰며 살아가야 한다고 나의 몸은 일찍부터 나에게 말해주었다.

전 세계가 꼼짝 못했던 코로나 시절에는, 내 몸에서 거의 유일하게 '크다'라고 할 수 있는 우렁찬 목소리를 한동안 완전히 잃어버렸다. 꽤 오랫동안 노래는 고사하고, 말조차 할 수 없었다. 더 이상 미팅을 진행하거나 대화하는 일도 할 수가 없었다.

눈은 있지만 컴퓨터를 볼 수 없고, 입은 있지만 말을 할 수 없던 시간…. 그 모든 몸의 기능들이 당연한 것이 아니라 감사해야 하는 선물이라는 사실을 나는 그때 깨달았다. 빼앗겨 보면 무엇이 소중한지 구별할 수 있다. 어렸을 때 존경하던 헬렌 켈러의 《사흘만 볼 수 있다면》 책을 다시 읽으며, 그런 장애를 평생 가지고 살아가는 분들에 대한 경외심으로 그 시기를 견뎠다. 암 투병도 아닌데 법석을 떨 것은 아니고, 그저 침묵 속에서 요리하고 식물을 가꾸고, 책을 읽을 수 있다는 것에 감사하며 그럭저럭 강제로 주어진 쉼을 살아내었다. 다시 컴퓨터로 일을 하거나, 미팅이나 강의를 할 수 있을까, 걱정하던 나에게 아들은 이런 말을 들려주었다.

"나이 드신 분들이 인생을 마라톤이라고 하는 건 다 이유가 있는 거예요. 계속 전력 질주만 하면 보지 못하고 놓치는 게 많잖아요. 엄마는 지금 보지 못하던 걸 보는 시간이에요."

대체 누가 엄마고, 누가 아들인지, 누가 누구를 가르쳐야 하는 건지 모르겠다. 언어 발달이 늦어 애를 태우던 아들은 어디 갔는지, 이제는 엄마를 의젓하게 위로하는 아이가 되었다.

그 외에도 몸은 여기저기 아픈 신호를 계속 보낸다. 끊임없이 부품을 고쳐주어야 하는 기계와 다를 바가 없다. 돌보지 않고, 쉬지 않고, 계속 달리면 몸의 어느 부분이 소리를 지른다. 그래서 이제는 제트보트처럼 몰아치던 습관을 버리고 쉬엄쉬엄 노를 저으며 그간 혹사시킨 몸에게 고마운 마음을 전하고 나를 돌보려고 노력 중이다. 아프지 않았다면 나는 정말 브레이크 없이 달리며 살았을지도 모른다.

몸의 고통은 이유 없는 고난이 아니라 잠시 멈추라는 뜻이었다. 날카로운 것이 우릴 찌르면, 아픔이 우리가 몸을 피하도록 만들고, 그것이 결국 우리를 살린다. 고통을 자각할 수 있다는 것에 감사해야 하고, 건강하다면 아직은 달릴 수 있다는 뜻이니 그것 또한 감사할 일이다.

건강은 다음 가야 할 길을 말해준다. 연약해지는 몸을 이끌고 삶의 무대는 계속되어야 하기에, '몸의 신호와 함께 살아가기 프로젝트'는 평생 지속될 것 같다.

고통은 우리를 괴롭히려는 적이 아니라, 삶의 속도를 조율해주는 고마운 신호다. 몸의 목소리를 따르는 멈춤과 회복의 리듬 속에서 건강한 삶이 지속된다.

Love Achieves
Big

20년을 훌쩍 넘는 시간 동안 숨 가쁘게 일하다가 내려놓았을 때, 내 커리어가 나에게 남겨준 것은 무엇일까 생각해보았다. 대단한 성공도, 보상도 남지 않은 것 같아 잠시 허탈했다. 그런데 다시 생각해보니 결국 나에게는 '인류애'가 남았다.

국경을 넘나드는 사회생활을 하며 수많은 비즈니스 창업자, 기업의 직원들, 동료들을 만났다. 커리어의 중반부터는 문학적 글을 쓰는 작가들과 무대 위에서 다양한 이야기를 전하는 스토리텔러들도 만나기 시작했다. 그들에게서 느낀 무수한 영감, 감동, 웃음, 사랑⋯. 그것이 나에게 주어진 가장 큰 선물이었다.

세상 곳곳을 다니면서 다양한 인종과 문화의 각계각층 사람들을 만나고, 그들과 이야기를 나누며 배운 것은 나라, 인종, 산업, 직업, 나이, 성별, 종교, 정치적 성향을 막론하고 모두 다 자기 삶에서 고군분투하고 있으며 아픔과 슬픔, 모진 기억들이 있다는 사실이다. 모두에게 자신만의 스토리, 자신만의 사연이 있으며, 다들 무겁고 버거운 삶을 살아가기 위해 애쓰고 있다. 그 이야기들 앞에서 모든 고정관념은 무너진다. 그래서 그 누구도 함부로 판단할 수 없으며 그들의 이야기를 주의 깊게 들어야 한다.

그리고 이 세상을 살아가는 모든 이에게 꿈이 있다는 사실도 알게 되었다. 골목의 작은 상점부터 거대한 글로벌 기업에 이르기까지, 각자에게 주어진 미션과 운명이 있다. 그들의 꿈 이야기를 들으면, 하나같이 너무나 반짝반짝하고 소중해서, 내가 신이라면 그 모든 사람이 꿈을 이룰 수 있게 도와주고 싶다는 마음이 간절해진다. 그런데 신은 그리 호락호락하지가 않다. 꿈을 이루는 데 온갖 대가를 치르게 한다. 그 대가를 치르고도 아무것도 남지 않고 모래성처럼 사라지는 꿈도 있다. 그래도 또 다시 일어서라고 인생은 우리에게 호령한다. 한국인이든, 미국인이든, 우간다인이든, 베트남인이든, 스웨덴인이든… 지역을 가리지 않고 모두 다 그렇게 살아간다.

그래서 나는 인류애란 '다른 사람들이 잘되기를 바라는 마음'이라고 정의한다. 인생이 그들에게 던진 수많은 아픔을 딛고 일어서서, 각기 마음속에 품고 있는 빛나는 꿈들을 어떤 식으로든 이루며 살아가길 바라는 마음이다. 그 마음으로 일했고, 기업들을 도왔고, 관계를 맺었으며, 지금도 내가 할 수 있는 모든 일에 그 마음을 투영한다.

내가 인류애를 가지고 살아간다고 해서 모든 사람이 나를 사랑해주진 않는다는 것을 이제 잘 알고 있다. 더 이상 그것을 신경 쓰지 않는다. 사람들이 날 어떻게 대하든, 나는 그냥 그렇게 살아간다. 세상에는 내가 베푸는 친절을 악용하는 사람도 있고, 무차별적으로 사회악을 끼치는 사람들도 있다. 다른 사람들에게 상상할 수 없는 피해를 주고도 아무렇지 않게 죄책감 없이 살아가는 사람들이 전 세계 곳곳에 있는 것을 우리는 매일 목격하며 살아간다. 그들 안에 해결되지 못한 상처가 그들을 비정상적인 사람들로 만들어버린 것이다.

전에는 그런 사람들조차 사랑해야 한다는 알 수 없는 의무감이 날 괴롭혔지만, 쉰 살이 되어가면서 내 마음을 '인류애 2.0'으로 업그레이드하기로 했다. '다른 사람들이 잘되기를 바라는 마음'에서 '다른 사람들도 잘되기를 바라는 마음'으로 바꾼 것이다. 내면의 상처로 주변까지 다치게 하는 사람이 된 것은 안타까운 일이지만, 인류애는 '나를 먼저 지킨다'라는 원칙 안에서 발휘

하기로 했다. 나를 먼저 구해야, 다른 사람들도 더 도울 수 있으니 말이다. 이제는 나를 포함한 인류애로 더 꿋꿋이 나아가려고 한다. 안팎으로 인류애로 충만한 느낌은 나를 행복하게 한다.

《두 번 약속된 땅A Land Twice Promised》의 저자 노아 바움Noa Baum은 이스라엘 출신의 미국 작가이며 평화운동가다. 그녀를 인터뷰할 기회가 있었는데, 그녀는 미국에서 팔레스타인 이웃을 만나면서 시작된 여정을 들려주었다. 노아와 이웃 여자 모두 예루살렘에서 자랐는데, 이야기를 나누다 보니, 서로 상대를 만난 적도 없으면서 정부와 미디어가 주입시킨 미움을 품고 살았다는 사실을 깨달았다고 한다. 사실은 평범한 소시민인 그들은 평화를 원했을 뿐인데 말이다. 그리고 그날, 그녀는 평화를 전파하는 작가가 되기로 결심했다. 실제로 그 이야기로 책을 썼을 뿐 아니라 무대에서도 강연하며 미움을 이해로 변화시키는 일을 하고 있다.

우리에게도 그런 오해들이 쌓여 있다. 국제 관계 리포트와 뉴스를 열심히 읽고 분석하다가 진짜 인간을 만나 이야기를 들어보면 평안하고 행복한 삶을 바라는 소시민의 간절한 소망을 보게 된다. 그러면 그들이 꼭 그렇게 살 수 있기를 바라는 마음이 생긴다.

인류애란 대단한 것은 아니고 그저 우리가 살아가는 태도다. 지금도 한국에서 벌어진 사건이 국제뉴스에 뜰 때면 많은 나라에서 나와 가족의 안위를 걱정해주는 메시지가 날아든다. 저 멀리 있는데도 마음은 이어져 있다. 그 사랑이 있다면 두려움을 이기고 꿈을 이루어낼 수 있다고 스스로에게 속삭인다. 친절한 데에는 돈이 들지 않고, 꿈을 꾸는 것도 무료다. 공평하지 않은 세상에서 모든 인류에게 공평하게 주어지는 드문 자산이다. 마음껏 쓰며 살자고 다짐한다.

 내가 오늘 만난 한 사람의 안녕을 바라는 조용한 기도, 그 잔잔한 사랑의 마음이 국경을 지우고, 갈등을 잠재우며, 세상을 좀 더 부드럽게 바꾸는 힘이 된다.

살아 있다는 것이
가장 찬란한 기적이다

마크 트웨인은 '인간은 달과 같아서 타인에게 보여주지 않는 어두운 면이 있다'라는 말을 남겼다. 인간은 누구나 이 문장에서 예외가 아닌 것 같다. 휘영청 밝은 달처럼 사회생활을 하지만, 나에게도 역시 태곳적처럼 아득하고 진한 어두움이 있다. 심연에 가라앉아 있는 어두움에는 맨홀 뚜껑을 꽉 닫아놓고 살지만, 예기치 않은 순간에 슬그머니 열려 튀어나와버리기도 한다.

사람들에게는 저마다의 사건적 트라우마가 있고, 집단적으로 경험한 역사적 트라우마도 있다. 나에게는 그것에 더해 자라면서 겪은 발달적 트라우마가 있다. 전쟁을 겪는 국가는 말할 수 없이 참담하지만, 전쟁을 겪는 가정도 그러하다. 경제 상황

뿐 아니라 모든 것이 무너져내린 가정이 지우는 고통의 무게가 나를 삶과 죽음의 경계에까지 데려다 놓은 시기가 길었는데, 나는 그나마 그 너머로 굴러 떨어지지는 않아서 여기 살아 있다. 지금도 힘든 일이 있을 때마다 그때보다 힘들지는 않다고 스스로에게 말하며 다시 헤쳐가니, 극한의 고통 포인트가 있는 것도 도움이 될 때가 있는지도 모른다. 출산이라는 극한의 고통을 겪어본 여자들이 웬만한 몸의 통증은 견뎌내는 것과도 같다.

누구나 살아가며 죽고 싶을 만큼 힘든 순간을 맞이하기에 우리에게는 그 무엇도 아닌 그저 '살아 있는 능력'이 필요하다. 반세기의 세월을 사는 동안 생의 의지를 놓아버렸던 여러 사람들의 소식을 들으며 '살아 있는 능력'이 얼마나 귀한지 실감했다. 사랑, 평화, 행복 같은 단어는 너무 거대하고 추상적이어서 때로는 아무 의미도 아닌 것처럼 느껴질 때가 있지만, 촘촘한 경험으로 쪼개서 비추어보면 매우 현실적인 단어다. 생이 우리를 구렁텅이로 밀어넣을 때, 그 가치들을 최대한 자잘하게 떠올리고, 온 마음으로 흡수해야 한다. 살아남기 위해.

어른이 되면 우리는 우리 자신을 다시 양육하는 과정을 거친다. 'Reparenting(재양육)'이라는 단어를 들었을 때, 나는 유레카를 외쳤다. 과거의 불완전하고 부정적이었던 양육 과정에 매여

새로운 항해를 위한 회복의 시간

있을 필요가 없고, 우리는 스스로를 재양육할 수 있다는 사실이 나에게 준 자유와 평안은 이루 말할 수 없이 컸다. 나도 완벽한 부모가 되지 못했고, 그 누구도 완벽한 유년 시절을 가지지는 못했겠지만, 나도, 우리 아이들도, 어느 누구든지 자신을 재양육할 수 있으니 다행이다. 나의 부서진 배를 고칠 기회는 얼마든지 있어, 과거 탓을 하며 무기력하게 앉아 있지 않아도 된다.

유년 시절을 무난하게 보낸 사람도 거친 파도를 헤쳐 나가야 하는 어둡고 답답한 세월을 언젠가는 거치기 마련이다. 그에게 도 어딘가에는 성장의 씨앗이 심겨져야 하기 때문이다. 맹자의 《고자告子》에는 이런 구절이 있다.

"하늘이 어떤 사람에게 장차 큰 임무를 내릴 때는, 반드시 먼저 그 사람의 의지를 시험하고, 근골을 수고롭게 하고, 배를 굶주리 게 하고, 몸을 궁핍하게 하고, 그가 하는 일을 어긋나게 하고 어 지럽힌다. 이렇게 해야 비로소 그가 마음을 진작시키고 성품을 단련시켜, 그가 해낼 능력이 없는 일에서조차 이루는 바가 있도 록 만들 수 있다."

그러니 그런 어둠의 시기는 사실 배를 더 단단하게 하고, 항 해의 기술을 배우는 시간이다. 그다음에 오는 약한 비바람에는 흔들리지도 않게 될 것이다.

　세상이 날 거세게 떠밀어 난파된 듯할 때, 열심히 살았지만 남은 것이 별로 없는 듯 삶이 폐허처럼 느껴질 때가 있다. 자신을 돌아보고 고쳐주어야 할 때다. 나는 내가 그런 자가 수선을 하고 있는지도 잘 몰랐지만, 돌아보니 도움을 줄 수 있는 항구를 찾아가고, 글을 쓰고 새로운 도전을 하며 아픈 곳을 최선을 다해 고쳐주었기 때문에 다시 크게 웃으며 살 수 있었다. 왜 나에게 이런 일이 일어나는 건지 원망하는 마음에서 '이 일은 나에게 무엇을 가르쳐주려고 하는 것인가'라는 생각으로 각도를 트는 것은 억울하고 힘들었지만, 나를 위해 반드시 해내야 하는 일이었다.

　인생이라는 바다에는 가끔 해적이나, 세이렌, 악당도 등장하지만, 그래도 주인공은 반드시 살아남는다. 그 진리를 이제는 안다. 가정에서, 사회에서 일어난 못된 기억들도 결국 나를 무너뜨리지는 못했다. 나를 깊고 크게 찔러 고통을 준 사람들도 드러내지 못한 어두움과 사정이 있었으리라 여기고 용서하기까지 긴 시간이 흘렀다. 분노와 미움은 몸을 망가뜨리고 정신을 시궁창에 빠뜨린다. 살아가며 가장 에너지를 쏟지 말아야 할 일이다. 과거와 화해하는 가장 좋은 방법은 지금 이 순간 행복하게 살아 있는 것이고, 그 아픔을 뛰어넘어 사랑을 베푸는 것이다. 이제는 누군가 날 찌르려고 해도 그 끝이 뭉툭하게 느껴질 뿐이다. 그 누구도 나에게 상처 줄 수 없는 날이 온다.

우리에게 남아 있는 흉터가 있다면 그건 지금까지 잘 살아남 았다는 훈장이지, 결코 흠이 아니다. 고통스러운 경험이나 기억이 우리의 가치를 감소시키지 않는다. 그릇이 커지느라, 더 큰 일을 감당할 사람이 되느라 그 과정에 아픔이 따랐을 뿐이다. 똑같은 비극의 상황을 겪었어도 반짝이는 인생을 사는 사람이 있는가 하면 곪은 사과처럼 헤어나지 못하는 사람들도 있다. 그러니까 이건 경험의 문제가 아니라 선택의 문제다.

상처받은 영혼들이 부대끼며 사는 지구가 평안할 리 없다. 뜬금없이 나타난 바위에 부딪쳐 좌초되었더라도, 해적을 만나 몽땅 다 털렸더라도, 그보다 몇 배 더 대단한 융단폭격과 같은 사랑이 반드시 나를 찾아온다. 그러면 부서진 배는 감쪽같이 수리될 것이다. 상처는 지혜로 바꿔야 다시 살아갈 수 있다. 들킬 세라 무겁게 지고 온 어두움이 우리에게 있다면 이제는 놓아버리고, 모든 것을 온기와 빛으로 바꿔버리는 태양으로 살아가자.

인생의 파도가 때로 우리를 어둠 속으로 밀어넣지만, 그곳에서야 비로소 별이 보인다. 상처를 지혜로 바꾸는 사람만이 끝내 자신을 구한다.

세상에 나를 남기는
또 다른 흔적

"저는 한 대기업 계열사의 CFO로 은퇴했어요. 임원까지 했으니 직장인으로서는 성공한 셈이었지요. 은퇴 후 처음 몇 달간은 아침에 일찍 일어나지 않아도 되고, 드디어 책임의 중압감에서 해방되었다는 생각에 좋았어요. 그런데 시간이 얼마 지나고는 너무 힘들더라고요. 매일 나갈 사무실이 없으니 좋아하던 골프를 쳐도 재미가 없고, 등산을 해도 재미가 없었어요. 그래서 다시 경제활동을 할 수 있는 길을 모색하고 있어요."

은퇴 이후 재미있는 일만 하고 있는데 재미가 없어지는 역설적인 경험에 대해 종종 듣는다. 일을 할 때는 과중한 업무와 압박에서 하루빨리 벗어나고 싶지만, 막상 일이라는 루틴이 없어지면 인생이 백지가 된 그 공허함이 너무 커, 차라리 일할 때 받

새로운 항해를 위한 회복의 시간

는 스트레스가 더 낫다는 생각이 든다고 한다.

은퇴 혹은 자발적 퇴사 이후 하루도 쉬지 않고 바로 회사를 설립하는 분이 오히려 더 건강하고 행복하게 생활하시는 것도 자주 목격했다. 비슷한 이야기를 여러 번 접하며, 일과 일터는 우리에게 생계 수단 이상의 가치를 지닌다는 것을 알게 되었다.

40대까지는 나도 일터에서 더 높이 올라가고 더 많은 걸 성취하려는 욕구가 있었다. 그게 직장을 다니면서 내가 할 수 있는 최소한의 성공 같았다. 한국은 이름보다 직함을 부르는 독특한 문화가 있어서 그런지, 한국인들은 유독 더 높은 직함을 얻기 위해 노력을 기울이고, 그게 안 되면 좌절하기도 하는 듯하다.

그런데 쉰 살 즈음이 되니 그 모든 것이 점점 덧없어지기 시작했다. 내가 스스로 일군 회사, 학교, 가게의 주인이 아니라면, 더 늙어서든 아니면 생각보다 이르게든, 언젠가 그 직함은 모두 사라진다. 그러니 일의 궁극적인 목적은 결국 건강한 정신으로 사회에 크든 작든 하나의 역할을 하며 의미 있게 나이 들어가는 것이라고 깨달음을 얻었다.

이 깨달음에 가장 큰 영감을 주신 것은 나의 시어머니다. 비가 오나 눈이 오나, 뜨거운 여름날이나 극한으로 추운 겨울날이

5장. 항구

나, 어머니는 늘 과일 광주리 앞을 지키셨다. 냉난방이 잘 되는 사무실에서 일하는 동료들이 가끔 춥다, 덥다, 비가 온다, 불평할 때면 나는 늘 어머니가 떠올랐다. 어떻게 그 모든 날씨를 견디며 그곳에 계신지, 걱정도 되고 신기하기도 했다. 토요일, 일요일 같은 것도 어머니에게는 없었고, 명절에 가족들이 모이면 함께 과일을 배달하느라 온종일을 보냈다.

시간이 갈수록 점점 싱싱함을 잃어가는 과일을, 냉장고도 없이 상온에 놓고 파시는 어머니에게는 하루하루, 일분 일초가 간절하게 팔아야 하는 순간이었을 것이다. 돌아가시기 직전에 쓰러지신 곳도 바로 그 과일 앞이었다.

나는 어머니가 글을 읽을 수 있으셨는지 잘 모른다. 그런 것을 물어본 적이 없다. 다만 마지막 날까지 머리를 써서 계산을 하셨고, 도매상과 흥정을 하셨으며, 손님들, 상인들과 만나 이야기를 나누며 사회 속에 계셨다는 사실을 알고 있다. 우울함이나 무기력은 그녀의 생에 끼어들 틈이 없었다. 매일 일어나서 나갈 곳이 있었다. 평생 무거운 과일 상자를 나르느라 허리는 굽었고, 하루 종일 햇빛에 그을린 구릿빛 피부에 주름은 가득했지만, 언제나 생산적인 일을 하고 계셨다. 시장 밖의 세상 따위에는 별 관심도 없으셨기 때문에 비교할 대상도 없이 자신의 세상 안에서 누구에게도 지지 않고 당당하게 사셨다.

새로운 항해를 위한 회복의 시간

덴마크 여왕님이 주최하는 만찬 파티에 참석하고 얼마 안 있어 시어머니를 뵈러 갔던 날, 나는 비슷한 나이에 완전히 다른 운명의 인생을 살고 있는 극과 극의 두 여성을 보았다. 그러나 인생의 폭풍에 지지 않고 우직하게 자기 자리를 지키며 사신 시어머니는 자기 왕국의 여왕이었다.

마트와 인터넷이 발달한 세상에서 과일 노점상은 변변한 수익을 안겨주지도 못했지만, 그런데도 어머니가 그 일을 끝까지 놓지 않으신 데는 어머니만의 이유가 있었다는 사실을 뒤늦게 깨달았다. 나이가 들면서 일의 의미는 돈을 많이 벌어다주는 것보다는 건강한 삶을 위한 바탕이 되어주는 것에 더 중점을 두게 된다. 어머니는 늘 자기 세계에서 바쁘셨고 독립적이셨기에 주변 사람들을 불편하게 하는 일도, 사소한 일로 가족 간에 문제를 일으키는 일도 없으셨다.

일이란 우리의 정신을 좀 더 또렷하고 건강하게 만들어준다. 독일 뮌헨 공대와 미국 스탠퍼드대의 공동 연구진은 독일 성인을 대상으로 문해력과 수리 능력 같은 인지 능력이 연령에 따라 어떻게 달라지는지 조사하여 국제 학술지 《사이언스 어드밴시스Science Advances》에 결과를 실었는데, 결론은 간단했다. 계산하고, 읽으며 머리를 계속 쓰면 뇌의 노화가 늦어진다는 것이었다.

　연구 결과가 아니어도, 열중할 일이 있으면 정신이 흩어지지 않는다는 걸 지난 30년간 체험했다. 일에 몰입하면 감정에 휘둘리지 않으며, 관계에서 오는 어려움도 어느 정도 털어낼 수 있다. 계속 할 일이 남아 있으면 우울할 겨를이 없다. 지금까지 여러가지 일에 몰두하며 살아왔기 때문에 쓸데없이 나쁜 기억에 사로잡히지 않고, 건강하게 똑바로 항해해온 듯하다.

　죽는 날까지 나 자신을 스스로의 힘으로 책임지며 여전히 쓸모 있는 사람으로, 다른 사람들에게 도움이 되는 사람으로 살려면 어떻게 해야 할지 생각하며 살고 있다. 많은 사람과 이야기를 나누며 나에게 영감을 주는 어떤 실마리가 있으면 작든지 크든지 행동으로 옮긴다. 그렇게 멈추지 않고 일을 이어 나가며 나는 여전히 조금씩 앞으로 나아가고 있다.

일은 생계를 위한 노동이기 전에, 살아 있음을 증명하는 고요한 박동이다. 직함이 사라져도 손끝의 일은 남아, 여전히 우리를 삶의 무대 위 주인공으로 만들어준다.

새로운 항해를 위한 회복의 시간

내 인생 최고의 시기는
언제나 현재다

아이들의 일정을 잊어버려 실수를 했던 적이 있는데, 그때 아들이 웃으며 말했다.

"이제 엄마도 늙어서 그래~"

그랬더니 옆에 있던 딸이 동생에게 주의를 줬다.

"너 엄마한테 그런 말 하는 거 아니야. 너도 언젠가 늙어."

10대 아이들이 이런 대화를 어찌나 진지하게 하던지, 재미있기도 하고 신기하기도 했다. 그 나이에는 늙는다는 것이 너무 멀게 느껴질 테니까 말이다. 그런데 딸아이 말처럼 그 누구도 예외 없이 우리는 결국 늙어간다.

나이가 들면서 가장 좋은 점은, '나다움'이 더 선명해졌다는 사실이다. 내 젊은 날은 다시 돌아가도 그 이상 열심히 살 자신이 없을 만큼 치열했다. 젊음에게 주어진 특권인 건강과 체력을 마구 소비해가며 일을 하고, 세계를 돌아다니고, 사람들을 만나며, 아이들을 키웠다. 일과 조직, 내가 하나인 것처럼 혼을 쏟은 덕에 업무적 성취도 맛봤고, 대다수의 사람들은 접하기 어려운 다양하고 기품 있는 경험도 누렸다. 하루하루가 새롭고, 격렬하고, 바빴다. 지루할 틈은 없었지만, 나 자신을 돌아볼 틈도 없었다.

나는 마흔 즈음이 되어 비로소 나를 돌아보기 시작했다. 내가 겪은 수많은 경험 중 어떤 것을 내 안에 남겨서 세상과 나누고 싶은지, 가장 나다움을 발휘할 수 있는 지점이 어디인지 연구하고 그걸 정리해서 책으로 내기도 했다. 덕분에 직장인, 엄마라는 타이틀을 벗어던지고 '나'라는 온전한 존재를 만날 수 있었다.

건강한 젊은 날에는 매일 같은 시간에 출근하고 퇴근하며 뺑뺑 돌아가는 숨 가쁜 일상을 감당할 수 있지만, 나이가 들면 체력에 맞춰 일하는 빈도와 강도를 조금씩 느슨하게 조정할 필요가 있다. 일주일에 한 번, 한 달에 한 번, 혹은 일년에 한 번 일하는 사람들도 보았는데, 직업을 넘어 자기 정체성과 목적을 찾은 사람들이 할 수 있는 일들이었다. 자신의 목적을 따라 일하는 사람들은, 상사가 부여하는 KPI나 연말 평가가 없어도, 손쉽게

새로운 항해를 위한 회복의 시간

보이는 성취들과 인센티브 보너스가 없어도, 스스로 동기부여를 하며 오래도록, 꾸준히, 행복하게 일할 수 있다.

꼭 내 사업자를 등록하고, 내 이름으로 낸 논문이 있어야만 나답게 사는 것은 아니다. 내가 세운 내 회사가 있다면, 혹은 자신의 이름 자체가 브랜드라면, 얼마나 좋을까. 모두가 꿈꾸는 것이지만, 기업, 조직, 기관, 학교에 소속되어 일하고 있더라도 마음가짐만은 내 삶의 주인으로 살 수 있다. 나는 먼저 주어진 곳에서 나답게 살기 위해 노력했다. 직장 생활은 삶에 안정감을 형성하고, 삶의 기본적인 토대를 마련하며, 많은 경험을 통해 나를 발견할 수 있게끔 해준 귀중한 시간이었다. 그리고 그 시기에 내게 영감을 준 스토리들은 내 안에서 연결되어 내 길을 비추고 있다.

소설가들은 한 인물의 인생을 자기가 하고 싶은 대로 비극으로도, 희극으로도 만들 수 있고, 주인공의 소원을 들어줄 수도, 성공하게 할 수도 있으니 작가는 얼마나 전지전능한지 모른다. 이 얼마나 극단적으로 자기 주도적인 세계인가. 물론 안타깝게도 내 인생은 그렇게 할 수 없지만, 신과 함께 책을 공저한다 생각하고 내 인생이라는 소설을 쓰고 있다. 내 인생 소설은 벌써 후반부에 들어섰겠지만, 나에게 이루어지게 해주고 싶은 것들이 아직 많다. 나는 무엇이든 오랜 시간이 걸리는 사람 같아 답답하기도 하지만, 본래 죽기 전날까지도 자신을 찾아가는 과정은 끝나지 않는 것이니 어느 때라도 늦은 때는 없다. 자신만의 방향성을 가지고 풍랑이 몰아치는 세상에서 이전보다 덜 흔들리며 생의 끝까지 항해할 수 있는 힘, 차분히 다음 길을 모색할 수 있게 하는 나 자신에 대한 깊은 이해가 중요한 것이다.

나이가 들어가면 설레고 들뜨는 마음은 줄어들기 마련이다. 초등학교 때는 김밥을 싸들고 소풍만 가도 그 전날 잠을 설칠 정도로 기대가 되었는데, 이런저런 경험이 쌓이면 더 이상 새로운 것이 별로 없다고 느끼기도 하고 열정은 시들기도 한다. 진짜 나이가 들었다고 실감하는 순간은 사람마다 다르겠지만 누구나 언젠가는 그것을 느낀다. '무엇을 시작하기에 늦은 거 아닐까' 고민하게 되는 것이 나이듦을 느끼는 대표적인 순간일 것이다. 그래도 꿈을 이루기 위해 아등바등하는 동안에는 완전히 늙어버리지는 않는다는 사실을 여러 사람을 통해서 본다. 팽팽하게 당겼던 고무줄을 놓는 순간 고무줄이 힘을 잃고 쭈그러드는 것과 같다. 그러니 아직 도달하지 못한 꿈들이 많다는 것이 사실은 축복인 듯하다.

지금 알고 있는 것을 그때도 알았더라면…. 후회할 것은 산처럼 쌓여 있지만 전부 볏짚처럼 비벼서 날리고, 과거의 나 자신을

용서하며 조금씩 용기를 내어 내가 꿈꾸는 작은 세계를 그려가
고 있다. 행복했던 시절도 있지만 돌아가라고 하면 엄두가 나지
않는다. 나의 꿈이 다 성취된 미래의 어느 시점으로 가보고 싶
기도 하지만, 아직 다 이루어지지 않아서 기대감이 있고, 과거보
다는 지혜가 조금 더 쌓여서 더 편안해진, 지금 이 순간이 가장
좋다고 늘 생각하며 다시 한 발을 내딛는다.

 내 인생의 바다는 어느새 황혼빛으로 물들었지만, 나는 여전히 항
해 중이다. 이루지 못한 일이 아직 많지만, 그건 앞으로 이루어질
일이 많다는 뜻이기도 하니, 얼마나 기쁜가.

마지막까지
나답게 살아가기를

몇 년 전 인터내셔널 가족들이 호주에 있는 완다 언니 집에서 모인 적이 있다. 그녀가 《삶과 죽음은 중요하다 Life and Death Matters》라는 책을 선물해주면서 나눴던 대화를 나는 잊을 수가 없다.

"이건 읽는 책이 아니고 직접 완성하는 책이야. 갑자기 죽음이 닥쳤을 때 주변 사람들이 힘들어하지 않게 통장의 비밀번호, 핸드폰 비밀번호, 중요한 사이트의 아이디와 패스워드, 유서와 물려줄 물품 목록, 장례식은 어떻게 하고 싶은지 등을 미리 적어놓는 거야. 우리 나이에는 이제 하나쯤 갖고 있으면 좋겠어."

펼쳐보니 짧은 서문만 있을 뿐, 그 뒤로는 각 장마다 내가 기록해서 채워 넣어야 하는 과제가 주어져 있었다. 우리는 우리의 장례식을 어떻게 하고 싶은지, 묘비는 어떻게 할 건지, 마치 크

리스마스 파티를 계획이라도 하듯이 깔깔거리며 한참을 대화
했다. 이렇게 이야기하고 보니 죽음이 별것 아닌 것처럼 두려움
이 사라졌다.

죽음이 오기 직전까지 나는 두 가지는 지속하고 싶다. 경제활
동과 사회적 기여. 경제활동은 나와 우리 가족의 생계, 그리고
약간의 물질적 나눔을 위해 일하는 것을 의미한다. 그리고 사회
적 기여는 사회 구성원의 한 사람으로서 뭔가 세상에 보탬이 되
는 일을 하는 것을 뜻한다. 이 두 가지는 평생 나를 움직이는 중
요한 가치였다.

경제활동은 누구에게나 중요하겠지만, 나에게는 사회적 기
여가 그만큼이나 중요하다. 어떻게 하면 도움이 되는 인생이 될
수 있을까 끊임없이 생각한다. 인간의 악의나 변덕에 거듭 때려
맞고도 내 안에 여전히 넘쳐흐르는 인간에 대한 사랑을 전해주
고 싶다. 내가 가진 지식과 작은 재능으로 누군가를 도와줄 수
있다면 기꺼이 베풀고 나누고 싶다. 그것에 대한 대가를 지불
받아 프로페셔널한 일이 된다면 금상첨화지만, 꼭 그렇지 않더
라도 이런 인류애의 꿈은 날 움직이는 커다란 동력이 된다.

비즈니스 산업에 몸담고 있을 때는 이런 이야기를 누구에게

도 할 수 없었다. 비즈니스를 그런 마음으로 하는 것은 너무 순진한 발상이라는 말을 들을 것이 뻔했고, 약점으로 잡을 사람도 있었을 것이다. 그럼에도 이것이 가장 깊은 곳에 있는 제일 나다운 발상이다. 그 마음을 품은 채 비행기를 타고 많은 곳을 누볐고, 그 마음이 있기에 눈이 펑펑 오는 날에도, 비가 쏟아지는 날에도 손수 만든 간식을 두 손 가득 들고 먼 길을 가서 행사를 치르고, 조언을 구하는 분들과 몇 시간이고 이야기를 나눌 수 있었다.

자본주의 사회에서 세상의 기준을 따라 경제활동을 하며 살아간다는 것이 얼마나 차갑고 냉철한 일인지 나는 잘 알고 있다. 그래서 다른 회사를 위해서 일하고 있을 때는 그런 나의 본모습을 되도록이면 숨겼다. 나도 그들이 알아들을 수 있도록 비즈니스 언어로만 소통하며 살아남았다.

그렇게 25년을 넘게 지내왔지만 내 본질은 변하지 않았다. 지금은 그냥 나다운 모습 그대로 일하는데, 뜻밖에도 오히려 방송과 신문사에서 연락이 오고 특별한 상을 받기도 한다. Authenticity라는 영단어를 좋아하는데 '진짜 나다움, 나의 정통성'을 뜻하는 말이다. 이제는 나답게 경제활동을 하고, 봉사하고, 세계를 다니며 살고 싶다. 힘이 닿는 그날까지.

새로운 항해를 위한 회복의 시간

선물 받은 책을 아직 다 채우지는 못했지만, 책장에 꽂혀 있는 그 책을 볼 때마다 내 죽음이 어떤 모습이기를 바라는지 생각한다. 많은 장례식을 경험하며 죽음에도 각자 다른 스토리가 있다고 느꼈다. 인생을 아름답게 살았던 사람의 장례식도 있고, 인생을 안타깝게 살았던 사람의 장례식도 있다. 죽음 이후에도 남은 이들에게 계속 영향을 미치는, 존재감이 긴 사람들도 있다.

묘비에 새겨지는 한 줄에는 통장에 얼마의 액수를 남겼는지, 얼마나 명망 높은 학위나 지위를 가졌는지, 몇 개의 건물을 소유했는지 같은 것이 아니라 그 사람이 가족과 타인들에게 어떤 '존재'였는지만 오롯하게 기록된다. 그때가 오면 나의 생각과 인류애를 유산으로 남기는 엄마가 되고 싶다는 생각을 하며, 사랑하는 사람들이 보내는 응원의 물살에 떠밀려 오늘도 앞으로 나아간다. 가을길로 접어드는 나의 삶에 미소를 더해본다.

 삶의 끝을 준비한다는 것은, 마지막 순간까지 나답게 살겠다는 선언이다. 내 배가 끝에 닿은 후에도, 내 파도는 누군가의 꿈을 밀어주기를.

기필코 오고야 말
해피엔딩을 위하여

평생 받은 선물 중 가장 인상적이었던 것이 무엇이냐고 누군가 나에게 묻는다면, 나는 자신 있게 하나를 꼽을 수 있다. 나의 국경 없는 가족들과 함께 떠났던 한 달간의 크루즈 여행이다. 언젠가 함께 크루즈 여행을 떠나자고 꿈같이 이야기하곤 했었는데, 그 막연했던 '언젠가'가 수십년이 지나 실제가 된 것이다. 당시 77세셨던 나의 호주맘이 나와 싱가포르 언니에게 남미로 크루즈 여행을 떠나자고 "가자!"를 외치면서 꿈이 실현되기 시작했다. 꿈을 이루는 데 나보다 더 열정적이었던 호주맘의 일생일대 선물이었다. 그녀가 부자라서 이 선물을 준 것이 아니고 특별한 사랑이 있기에 준 선물임을 나는 잘 알고 있다. '그동안 살아 있느라, 일하느라, 아이들 키우느라, 고생 많았다' 말씀하시며 주시는 선물 같았다. 나의 가족들도 같은 마음으로 기꺼이 한 달이나 되는 휴가를 보내주었다.

영화 〈타이타닉〉을 대학교 때 보고 어찌나 감명 깊었는지 연거푸 네 번을 봤었다. 실제 크루즈 안으로 발을 디뎌보니, 영화 속 크루즈와 정말 흡사했다. 클래식 음악이 라이브로 흐르고, 백발의 점잖은 노부부들, 가족 단위의 화목해 보이는 승객들이 우아한 옷을 입고 매끼 격식 있는 식사를 했다. 3~4주 동안 진행되는 크루즈 여행에는 대부분 은퇴하신 분들이 많이 오셨다. 긴 시간과 비싼 티켓값을 내야 하고, 거동이 불편해도 할 수 있는 최적의 여행이기 때문이지 않을까 추측했다. 20대에는 다리가 부르트게 걷는 배낭여행을 할 수 있지만, 나이가 들면 여행의 모습도 변화하는 것이다.

남미 특유의 열정이 느껴지는 탱고 공연과 치미추리 소스를 얹은 아사도 요리가 인상적이었던 부에노스아이레스를 떠난 배는 우루과이의 몬테비데오를 거쳐 칠레의 해안을 따라 항해하며 항구 도시에 간간히 정박했다. 배가 속력을 내서 운항할 때는 배 안에서 쇼를 보거나, 강의를 듣거나, 게임을 하고 책을 보는 등 자유로운 휴식을 즐기고, 육지에 정박하면 작은 통통배를 타고 도시에 내려 그곳을 여행하고 돌아오는 식이었다. 몇 번의 공식적인 갈라 디너가 있었는데, 내가 한국에서부터 가져온 한복을 호주맘이 입고 디너에 참석한 역사적인 날도 있었다.

매일이 꿈같았는데 이 크루즈의 하이라이트인 남극에서는 그야말로 절정에 도달했다. 남극에 나흘간 정박하며 빙하와 푸른 하늘, 펭귄을 배경으로 식사를 했고, 돌고래가 뛰어오를 때는 다 함께 탄성을 질렀다. 빙하가 우지끈 부서지는 소리가 간간히 들리는 가운데 남극 뷰를 보며 크루즈 내 헬스장에서 운동할 때는 정말 이것이 현실인지 믿어지지가 않았다. 살아생전 언제 남극에 다시 와볼 수 있을까 하는 생각에 시간이 천천히 흐르기를 바라며 매일 데크에 나가 그 눈부신 정경들을 눈과 마음에 담았다. 그때만큼은 모든 것을 다 이룬 듯한 느낌마저 들었다.

한번은 뱃머리 옆에 나란히 서 있던 어느 나라에서 왔는지 알 수 없는 분이 "슬픔도, 아픔도 다 지나가요. 물은 계속 흐르고, 배는 계속 떠가죠"라고 중얼거리듯 나에게 말했다. 지구의 끝에서 꽁꽁 얼은 듯한 시간을 지나고 있을지라도, 그곳에도 햇빛이 드리워지고 아름다운 생명체가 있다는 사실을 기억하며, 배는 다시 항해를 시작했다.

남극의 빙하를 지나니 진한 초록빛의 남미 도시들이 다시 우리를 반겨주었다. 남극에 가까워 땅끝마을이라 불리는 아르헨

새로운 항해를 위한 회복의 시간

티나의 우수아이아를 거쳐 칠레의 푼타아레나스에 도착했을 때는 그곳의 한 주민이 이런 이야기를 들려주었다.

"칠레에는 화산이 2000개 정도가 있는데 그중에 몇 개는 전혀 예고도 없이 터진답니다."

마치 우리 인생 같다고 생각했다. 항구 도시들은 해안 옆이어서 그런지 어디나 바람이 거셌는데, 특히 포크랜드 지역에서는 내 몸이 날아가지 않게 한참이나 나무를 붙들고 있어야 할 정도였다. 그 바람 속에서도 사람들은 살아가고 있었고, 예고 없이 터지는 화산도 그런가 보다 받아들이며 살고 있었다.

남미는 시장마다 니트 제품을 파는 곳이 많았는데, 여자들이 생계를 잇는 대표적인 수단이라는 사실이 박물관에 적혀 있었다. 그래서 푸에르토 차카부코에서는 어디서도 볼 수 없는 마음에 쏙 드는 수제 니트 드레스를 사고, 푸에르토 몬트에서는 마푸체 Mapuche라고 불리는 원주민들이 만든 작은 주얼리도 사서 그들의 생계에 작은 보램이 되어주고 싶은 나만의 의식을 행했다.

크루즈 내에서는 통신비가 엄청나게 비싸서 생명수를 한 방울 한 방울 아끼듯이 가끔 썼고, 대부분의 사람들이 세상과 완벽히 단절된 그 시간을 음미하며 보냈다. 뉴스를 안 본 지도 여러 날이 되니 마음은 평화로운 물결처럼 잔잔해졌다.

배가 마젤란 해협을 지나는 며칠 동안에는 캐빈에 혼자 남아 바다를 하염없이 보며 국제 여성 작가들과 공저한 책의 원고를 쓰기도 했으니, 힐링과 성취, 성찰과 성과 모두를 다 아우른 잊을 수 없는 인생의 한 챕터가 되었다.

크루즈 내 한 행사에서는 관객들을 무대로 불러 올려서, 결혼한 지 몇 년 째인지를 물었다. 50년째, 53년째라는 답이 나왔다. 그렇게 오래된 부부가 함께 크루즈 여행을 하는 모습이 무척이나 인상적이었다. 끝까지 아름답게 생을 살아가는 분들을 보며 먼 미래의 내 모습도 그려보게 되었다. 나의 미래도 친절한 임팩트를 만들어내는 잔잔한 스테디셀러 같은 사람들과 함께하기를, 나를 알아봐준 단 한 명의 남자인 남편과도, 나의 모든 특별한 인연들과도 같이 나이 들어가기를 소망한다. 그리고 언젠가 그들과 함께 크루즈 여행을 가는 꿈을 다시 남겨둔다.

 빙하 아래에서도, 세상의 끝에서도, 삶은 계속 흐른다. 모든 항해의 끝에는 결국 사랑이 기다리고 있기를 바란다.

새로운 항해를 위한 회복의 시간

1. 누군가에게 받았던 응원이나 위로 중 기억에 남는 것이 있나요?

ex) 남편이 언제든 내 편이 되어줄 테니, 하고 싶은 대로 살라고 했던 편지가 가장 기억에 남는다. 그의 응원이면, 못 할 것이 없는 기분 이다.

2. 힘들고 지칠 때마다 나를 회복시켜주는 리트릿, 즉 날 살리는 공간, 취미,
관계는 무엇인가요?

> ex) 국제 스토리텔러 컨퍼런스가 내겐 리트릿이다. 그곳에 갔다 오고
> 나면, 인류애가 충전되고, 내가 어떤 사람인지 다시 한번 되새길 수
> 있다. 글을 쓰는 취미도 내게 일상 속 리트릿이 되어준다.

3. 인생의 챕터가 여러 번 바뀌는 동안에도 계속 지켜온 가치나 신념이 있
나요?

> ex) 인류애. 아무리 내게 상처 주는 사람이 많아도, 이 세상엔 따뜻하고
> 좋은 사람이 더 많고, 그들을 조건 없이 응원하고 싶다.

4. 내 묘비에는 어떤 글이 남겨졌으면 하나요? 사람들에게 어떤 사람으로
기억되고 싶은가요?

ex) 사랑과 지혜를 나누며 아름다운 스토리를 남긴 그녀, 평화롭게 안
식하다.

5. 마지막으로, 항구를 떠나 다시 힘차게 항해할 나를 위한 용기와 격려의
글을 적어주세요.

다음 항해
: 삶의 파도가 더 이상 두렵지 않은 이유

'킨츠키'라는 일본의 도자기 예술이 있다. 불완전한 것에서 본질적인 충만함과 아름다움을 찾는 와비사비 문화에서 비롯된 장르로, 주 재료는 다름 아닌 깨진 도자기다. 킨츠키 예술가들은 부서진 도자기를 밀가루 풀이나 옻칠로 잘 이어 붙인 다음, 사포질과 덧칠로 정리한다. 마지막으로, 여전히 드러나 있는 깨진 금 자국에 금가루를 입힌다. 상처가 난 부분을 오히려 드러내고 화려하게 장식해 새로운 작품으로 만들어내는 것이다.

이번 책을 쓰는 과정이 바로 킨츠키와 같았다. 여기저기 깨어지고 흩어진 나의 조각들을 찾아내어 섬세하게 이어 붙이고, 정교하게 다듬은 후에 금가루 장식까지 덧붙여 '책'이라는 예술로 완성시켰다. 그때 그 깨짐들이 지금의 나를 만들었음을 다시 한

번 깨달으며 내 삶 전체를 보듬어주고 긍정해주는 시간이었다. 킨츠키 도자기의 금 간 자국처럼 이 책에선 나의 연약함과 아픔이 금빛으로 반짝반짝 빛나는 듯하다.

세상에는 상상할 수 없을 만큼 다양한 스토리가 존재한다. 신이 나만 버린 것 같을 때, 열심히 노력했지만 남은 것이 아무것도 없다 느낄 때, 그토록 헌신했지만 아무도 인정해주지 않을 때, 상실의 늪에서 헤어나오기 어려울 때, 나이 들어가는 것이 문득 두려워질 때… 낱낱이 열거할 수 없는 각종 어려운 순간들을 맞닥뜨릴 때마다 나는 내가 들었던 다양한 인생 스토리들을 다시 캐내서 듣는다. 나보다 더 극한의 상황에서 다시 일어서고, 포기하지 않고 걸어갔던 사람들을 떠올린다. 그러면 또 한번 껍질을 깨고 나아갈 힘이 생기고, 변곡점을 받아들이며 방향을 조정해 폭풍을 이겨낼 자신감이 솟아난다. 내 삶에 나타나는 모든 문제는 나를 무너뜨리는 게 아니라, 진정한 나를 드러내고 만들어가는 프로세스라고 다시 한번 믿어본다. 내 이야기도 다른 사람에게 그런 용기와 위로를 주기를 간절히 소망하며 내 아픔과 희망을 조심스레 이 책에 담았다.

삶을 살아가기 위해선 생각했던 것보다도 훨씬 더 강해야 한다는 것을 매일매일 깨닫는다. 작고 약점투성이인 내가 이만큼 해내며 살아왔다면 당신은 백 배 천 배 더 잘해낼 수 있다고 믿는다. 지금 우리는 우리가 있어야 하는 바로 그 지점에 있다. 어쩌다 우연히 이곳에 있는 것 같아도, 이 모든 지점이 연결되어 우리만의 길이 펼쳐질 것이다.

킨츠키 예술가처럼 내 인생을 작품으로 만들어준 나무사이 출판사 곽수진 대표님, 유진영 편집자님의 열정과 응원에 진심으로 감사드린다. 내가 이 지점까지 도달할 수 있도록 함께 항해해준 가족들과 동료들, 친구들, 소중한 인연을 맺은 모든 이들에게도 다시 한번 감사의 말씀을 전한다. 독자들도 이 책을 읽고 자신만의 이야기로 세상에 단 하나뿐인 예술 작품이 되길 바란다.

"인생은 폭풍이 지나가길 기다리는 것이 아니라
빗속에서 춤추는 법을 배우는 것이다."

Life isn't about waiting for the storm to pass.
It's about learning how to dance in the rain.

−비비안 그린

인생의 폭풍 속에서 춤을

초판 1쇄 발행 2026년 2월 17일

만든 사람들
지은이 이정민
편집 유진영
마케팅 곽수진
디자인 이하나
표지 그림 Des Brophy
제작 357 제작소

펴낸곳 나무사이　**펴낸이** 곽수진
출판등록 2023년 9월 25일(제2023-000192호)
주소 10181 경기도 파주시 광인사길 88(문발동) 401호
이메일 tree42book@naver.com
전화 070-8028-3289　**팩스** 0504-242-6546
블로그 blog.naver.com/tree42book　**인스타그램** @tree42book

ⓒ 이정민, 2026
ISBN 979-11-987218-9-1 (03180)

나무사이 │ '나무의 성장을 위한 존중의 거리' 나무 사이처럼 책과 사람 사이
서로의 성장을 도와주고 인생에 도움이 되는 책을 만들겠습니다.